마흔에 시작하는
30일 주역

마흔에 시작하는 30일 주역
주역이 처음인 당신을 위한 안내서

펴낸날 2025년 10월 25일

글	이지형
편집	황지희
디자인	황지희, 이원우
마케팅	강유은, 박유진
제작·관리	정수진

펴낸이 정종호
펴낸곳 (주)청어람미디어 임프린트 IKKI
등록 1998년 12월 8일 제22-1469호
주소 04045 서울시 마포구 양화로 56, 1122호
전화 02-3143-4006~8 | 팩스 02-3143-4003
이메일 ikki@ikki.kr

ISBN 979-11-5871-287-7 03140

마흔에 시작하는
30일 주역

주역이 처음인 당신을 위한 안내서

이지형 지음

IKKI

프롤로그

황홀한, 황폐한

서른 날에 걸친 주역 강의를 글로 다 옮기고 나니 빠뜨린 사연이 있다. 본문 안에 제 위치를 찾아주려다가, 주역을 처음 만나는 독자들에게 미리 귀띔하는 것도 의미 있겠다 싶어 프롤로그에 쓴다. 주역이 전하는 최후의 메시지로 보면 될 것 같다.

흔들린다, 무너지지 않는다
바라본다, 흘려보낸다
큰일은 잊는다, 작은 일을 행한다

글 앞에 원래 쓰려던 얘기는 '황홀하고 황폐한' 어떤 사태에 관한 것들이다. 덧붙인다.

삶이 고단해 바람마저 서럽던 시절에 주역을 만났다. 주역의 세계는 투명하고 적막했다. 64개의 기호와 단언이 만들어 낸 질서는 흐트

러짐 없었다. 삶의 무질서를 바로잡아 줄 것 같았다. 황홀했다.

하지만 몰입할수록 주역은 다른 속내를 드러냈다. 64괘 뒤에 감춰진 사연들은 종잡을 수 없었다. 예언과도 같은 문장들은 강렬했지만 어지러웠다. 2,000~3,000년 전 대륙의 무질서와 혼란이 그대로 투영돼 있었다. 텍스트 전체가 불안에 휩싸였다. 행간에 황폐함이 가득했다. 젊은 날의 주역은 황홀하고, 황폐했다.

늦가을 국화 같은 나이에 주역을 다시 만났다. 낯설었다. 가을바람에 어지럽게 흩날리는 잎새들 같던 메시지들 사이로 유장한 흐름이 드러났다. 추상적 기호 위로 고대인들의 열정과 생기가 묻어났다.

변화에 대한 갈망이 텍스트 전체를 관통하고 있었다. 낙관과 비관을 초탈한 삶의 어떤 지향이 느껴졌다. 주역은 세상의 변화를 믿던 이들의 바람이 만들어 낸 경전이다. 그들은 기호와 예언으로 형상화한 세계에 몸을 맡긴 채 자유롭게 유영했다.

주역을 공부하는 건 변화와 초탈과 자유를 배우는 일이다. 황폐한 세계에 깃든 황홀함을 체득하는 일이다. 공부를 마칠 때쯤, 서편 바다 위로 붉게 타오르는 노을을 보실 수 있기를 바란다.

저녁 바다는 저물면서 더욱 빛난다.

주역은 삶이 얼마나 아름다운지 보여준다.

2025년 금빛 바람 부는 가을, 이지형 드림

차례

프롤로그 황홀한, 황폐한 | 4

1부 | 흔들린다, 무너지지 않는다

첫째 날 주역을 한마디로 정리해 달라? | 10
둘째 날 흔들린다, 무너지지 않는다 | 17
셋째 날 세상사 복잡해도 | 23
넷째 날 붉은 노을의 추억 | 30
다섯째 날 흩어지고 버려진 것들을 사랑하다 | 40

2부 | 별자리는 아름다울 뿐 아니라

여섯째 날 세상은 끊임없이 암시를 건네고 | 50
일곱째 날 내가 찾지 않으면 그가 나를 | 63
여덟째 날 한자, 성경, 벽암록 소각 사건, 혜능 | 74
아홉째 날 허황한 풍경 앞에서 숭고하게 | 81
열째 날 별자리 뒤에 감춰진 비밀 | 97

3부 | 바람으로 세상을 떠돌지라도

열한째 날 아름답기를 쓸모없기를 | 108
열두째 날 무너지리라 무탈하리라 | 118
열셋째 날 생각에 사악함이 없다 | 128
열넷째 날 후회는 사라진다 | 139
열다섯째 날 영원 회귀, 니체, 앤디 워홀 | 151

4부 | 반전과 역설을 꿈꾸는 삶

열여섯째 날 숨는다 | 160

열일곱째 날 불화로 가득한 이 세상에서 | 173

열여덟째 날 은밀하게, 과감하게 | 183

열아홉째 날 어느 날 문득, 지상의 풍경들 | 191

스무째 날 사대난괘 또는 사막을 건너는 법 | 202

5부 | 돌이킬 수 있다

스물한째 날 가을이 오고 또 수많은 일들이 | 212

스물두째 날 바람이 전하는 말 | 224

스물셋째 날 현명한 제약이 우리를 자유롭게 한다 | 232

스물넷째 날 어린 여우가 강을 건너려는데 | 243

스물다섯째 날 우리의 강박을 허물다 | 253

6부 | 걱정하지 않는다

스물여섯째 날 열 개의 날개 | 260

스물일곱째 날 계사전 또는 최종 이론의 꿈 | 266

스물여덟째 날 한양 성곽길을 산책하다가 | 278

스물아홉째 날 주역은 어디쯤 있나? | 294

서른째 날 걱정 말아요, 그대! | 302

부록 64괘 요약 | 307

1부

흔들린다, 무너지지 않는다

첫째 날

주역을
한마디로 정리해 달라?

주역(周易)을 한마디로 정리해 달라는 분들이 있다. 마음은 이해하지만, 난감한 게 사실이다. 그날도 그랬다.

2년 전 일이다. 거리에 황금빛 낙엽 지던 가을이었다. 서울 종로의 식당에서 저널리스트 한 분을 만났다. 과학 분야에 정통한 사람이다. 첫인사를 하고 몇 마디가 오고 간 뒤에 그가 물었다.

"그래서 주역을 한마디로 정리하면 뭡니까?"

조용히 그를 쳐다봤다.

주역을 한마디로 정리해 주는 대신, 핀잔을 한마디 건네고 싶었다. 그는 과학저널리스트다. 이름난 물리학자, 화학자, 생물학자들을 여럿 인터뷰하기도 했다. 그는 자기 분야에 정통한 석학들을 만나면서 상대성이론, 양자물리학, 분자생물학에 대해서도 그렇게 물었을까.

상대성이론을 열 글자로 요약해 주실래요? 양자물리학을 한 문장으로 정리하면 뭔가요? 분자생물학의 요체를 한마디로 알려주시면요?

다시 그를 쳐다봤다. 그가 긴장하는 듯했다. 부드러운 목소리로 답했다.

"꽤 방대한 체계라서 한마디로 줄이면 빗나가죠."

동양의 고전 주역은 늦가을 설악산처럼 중중첩첩하다. 3,000년 전의 짧은 예언들이 어지러이 흩날리고, 그걸 감싸 안은 64개의 기호(64괘)는 수학 공식처럼 정갈한 모습으로 제자리를 지킨다.

거기서 끝이 아니다. 흩날리는 예언과 정돈된 64괘를, 일군의 지식인들이 오랜 세월에 걸쳐 정련한 처세와 철학의 언어들이 감싸고 있다. 그렇게 복합적인 텍스트를 한마디로 정리하는 건 쉽지 않다. 한마디로 정리하면 정말, 어긋나고 만다.

설악산에 관해 알려면 이삼일 따로 날을 잡아 공룡능선을 주파하든지, 그게 아니면 오색약수에서 대청봉으로 서너 시간 동안 안간힘을 쓰면서 올라가 봐야 한다. 그래야 설악산의 속내가 슬쩍이라도 보인다. 그렇게 웅장한 산맥 같은 거대 담론의 체계를 한마디로 요약해선 안 된다.

이럴 때 고전적인 대응 방법은 동문서답이다. 옛 선사(禪師)들이 즐겨 쓰던 방법이다.

"달마가 서쪽에서 온 까닭은 무엇입니까?"

"뜰 앞의 잣나무!"

'조사서래의(祖師西來意)'를 우리말로 풀면 '달마(조사)가 서쪽에서 온 이유'다. 불교에서 궁극의 진리를 물을 때 사용하는 문장이다. 답변 중 걸작이 바로 '뜰 앞의 잣나무'다.

심오한 뜻에 대해선 입을 다물겠다. 불교를 한마디로 정리할 형편이 못 된다. 그래서도 안 된다. 다만 그런 질문을 함부로 날리면 '뜰 앞의 잣나무'에 난데없는 고함이나, 몽둥이세례가 추가되기도 한단 얘기만 하겠다. 어떤 영역이든 그 핵심을 체험적 노력 없이 '한마디 말'로 얻어내려는 시도는 적절하지 않다.

한겨울 거리에 흩뿌리는 눈송이처럼 세상 곳곳에 난립한 주역 해설의 담론들을, 한 번쯤 정리하고 싶단 생각을 오래전부터 했다. 묵은 먼지 털어내듯, 상투적인 고풍과 젠체하는 현학과 알쏭달쏭한 한문 번역으로 오염된 주역의 해설들을 청소하고 싶었다. 그런 쇄신의 욕망에 약간의 경고를 버무려, 주역에 관한 간결한 이론 하나를 세워보려 한다.

그러기 위해 종로에서 만난 저널리스트를 포함해 이제까지 주역을 요약하고 축약해 달라 요청했던 분들을 미워하는 대신, 주역을 한마디로 정리해 볼 생각이다. 빗나가고 엇나가겠지만, 비난을 각오하고 주역을 한마디로 줄이면 이렇게 된다.

주역은 불안을 치유하는 책이다

주역은 예언과 64괘와 해설이 중첩된 책이다. 그런데 예언과 64괘를 묶어 '역경'이라 하고, 그에 대한 후대의 해설을 '역전'이라 한다. 경(經)은 성인의 말씀을, 전(傳)은 해설을 뜻한다. 그러니까 주역은 누가 만들었는지 모를 역경, 그리고 후대 유학자들이 붙인 역전의 결합이다. 그중 역전 그러니까 주역의 해설 중에 강렬한 문장 하나가 등장한다.

주역을 지은 이는 걱정이 많았나 보다!

이 한 문장이야말로 주역 전체를 관통하는 신비의 키워드다. 중중첩첩, 설악산과도 같은 주역의 체계는 사실은 온통 불안에 휩싸여 있다. 주역의 몸체를 이룬 수백 개의 예언들은 말로 표현할 수 없는 곤궁과 불안이 토해낸 역사적 질문들에 대한 절박한 답변들이다.

전쟁을 앞두고, 혁명을 앞두고, 군사적 결단을 앞두고, 낯선 도전을 앞두고 불안한 마음을 감출 수 없었던 고대의 권력자들은 근심 어린 표정으로 하늘의 뜻을 물었다. 몇 달째 지속된 가뭄 앞에서, 세상을 죄다 삼킬 것 같은 폭우 속에서, 사람들을 절멸시킬 것 같은 감염의 유행 속에서 고대의 정치인들은 하늘의 뜻을 물을 수밖에 없었다. 그렇게 얻은 메시지들이 주역의 본체를 이룬다.

진위를 가릴 수 없는 신화일 뿐이지만, 주역의 기원에 관한 전통적 설명들도 비슷한 맥락이다. 빛바랜 주역 교과서들은 주역을 지은 이가 중국 고대의 주(周)를 창건한 무왕의 아버지 문왕이라고 전한다. 그런데 문왕은 주에 앞선 왕조인 은(殷)의 폭정에 대립하다, 오랫동안 인적 끊긴 오지의 감옥에 갇혀야 했다. 주 문왕이 가시덤불 가득한 오지의 감옥에 유리된 채 정리한 책이 주역이란 게 이 희대의 고전의 기원에 관한 고전적, 전설적 설명이다. 주역은 감옥에 갇힌 문왕의 불안과 그 불안을 타개하려는 불굴의 의지가 담긴 책이다.

그런데 불안이란 건 어느 한 시대, 어느 한 개인에 속하지 않는다. 모든 시대, 모든 사람이 불안과 공포에 시달린다.

시야를 잠깐 중국의 외곽, 고대의 바깥으로 확장해 보자.

언젠가 서양철학사를 들여다보다가 유명 철학자들이 '인간'이라는 존재를 어떻게 파악하는지 나름대로 정리해 본 적이 있다. 처음 보는 누군가에게 불쑥 물어 얻지 않고 여러 날의 고민 끝에 스스로 힘겹게 정리했다. 그들의 방대한 이론들을 '한마디'로 줄였지만, 양해해 주실 줄로 안다. 널리 알려진 철학자들이니 생몰의 연도 같은 건 날리고 최대한 간단히 정리한다.

이성적 동물(아리스토텔레스), 생각하는 정신(데카르트), 지각의 다발(흄), 선험적 주체(칸트), 절대정신(헤겔), 걱정하는 존재(하이데거)

서양의 철학적 천재들은 인간을 각기 다른, 독창적 방식으로 바라봤다. 요약하면 고대 그리스의 아리스토텔레스로부터 19세기 유럽의 헤겔까지 중요한 건 어쨌든 '사유'였다. 이성과 생각과 관념으로 인간을 정의하려 했다. 흄과 그의 동료들이 잠시 물줄기를 틀어 감각과 경험을 인간의 특징으로 들고나오지만, 칸트와 헤겔은 다시 그 흐름을 '경험 이전'과 '관념'으로 돌린다.

그런데 현대에 들면서 '실존'을 앞세운 일군의 철학자들은 전혀 다른 이야기를 해버린다. 이들은 쉬지 않고 불안해하는 사람들을 보며 사유보다 더 본질적인 게 일상의 기분과 감정 아닐까 자문한 것이다. 20세기 초반의 걸출한 철학자 하이데거는 급기야 '걱정하는 존재'라고 인간을 요약한다.

어떤 인간관을 선택할지는 중요한 문제다. 나를 어떤 사람으로 규정하느냐에 따라, 무얼 해야 할지 달라진다. 그러니 잠시 시간을 내, 자신에게 물어도 좋을 것 같다.

나는 깊은 사유에 빠진 명철한 '정신'일까, 일상의 걱정에 사로잡혀 불안한 '영혼'일까.

너무 멀리 왔다. 주역으로 다시 돌아오자.

주역을 지은 이는 걱정이 많았다. 헤아리기 어려운 걱정과 불안 속에서 쓰이고 편집된 텍스트가 주역이다. 주역을 찬찬히 들여다보면, 감추어진 행간에도 근심과 우려가 넘쳐난다. 그래서 주역을 이루고 있는 기호와 예언과 조언은 모두 한 방향을 가리킨다. 주역은 하나의 화두를 빙빙 돌면서 끊임없이 묻고 답하는 중이다. 어떻게 하면 불안에서 벗어날까, 시도 때도 없는 이 걱정을 어떻게 해소할까, 해소할 수는 있는 걸까.

이쯤에서 또 다른 '한마디'가 필요하다. '주역은 도대체 무엇인가?'란 질문에 '불안을 치유하는 책'이라고 답했다. '주역의 정체'에서 한 발 앞으로 나아가려면 또 다른 질문이 필요하다.

'불안을 치유하는 책'이란 정체성을 가진 주역이 전달하려는 메시지는 과연 무엇일까.

64개의 기호와 448개(64개의 괘사+384개의 효사)의 예언과 그를 둘러싼 수천의 문장들은 과연 무얼 말하고 있나.

아무도 묻지 않은 '한마디'를 발설하는 것으로, 첫째 날의 공부를 마칠 생각이다.

주역에 담긴 방대한 메시지는 이 한마디로 정리된다.

흔들린다, 무너지지 않는다

둘째 날

흔들린다,
무너지지 않는다

천 년 전 한 선사가 야심한 밤에 어두컴컴한 방으로 제자를 불러들였다. 가녀린 달빛만이 문틈으로 들어오는 중이다. 연약한 달빛에 어슴푸레하게 빛나는 화로를 가리키면서 선사가 제자에게 묻는다.

불씨가 남았는가?

제자는 열심히 뒤적여 보지만 불씨를 찾지 못한다. 선사에게 남아 있는 불씨가 없다고 말한다. 선사는 자리에서 일어나 손수 화로를 뒤지기 시작한다. 얼마나 지났을까. 작은 불씨 하나를 찾아내 제자의 눈앞에 들어 보인다.

이건 불씨가 아니냐?

순간, 제자는 깨닫는다.

선불교의 화두를 꺼내 드는 건, 선사가 내민 불씨 때문이다. 주역 공부가 바로, 꺼진 줄 알았던 화로 속의 작은 불씨 하나를 찾아내는 일이다. 미약하지만 살아 있는 작은 불씨 하나로, 영영 꺼진 줄 알았던 화로의 불을 지펴내는 게 주역이다.

왜 그런지는 곧 알려드릴 생각이다.

그런데 그보다 먼저 해결할 일들이 있다.

주역엔 진입장벽이 몇 개 있다. 64개의 기호 자체가 첫 장벽이다. 워낙 비슷하게 생긴 기호들이라 차이를 알아채기 어렵다. 64괘는 그렇게 서로 분간하기가 쉽지 않다. 하지만 긴장할 필요는 없다. '괘'를 그냥 한 장의 카드 정도로 편히 생각하면서 접근하자. '64개의 괘'는 '64장의 카드'다.

타로를 떠올려 보자. 타로로 운명을 예측하려면 22장의 메이저 카드와 56장의 마이너 카드가 필요하다. 거기엔 사건이나 상황을 뜻하는 그림들이 그려져 있다. 타로의 미래 예측 방식을 거칠게 요약하면, 78장의 카드 중에서 몇 장의 카드를 뽑아낸 뒤, 그 위에 그려진 각각의 그림들을 스토리로 연결해 나가는 것이다.

주역에는 64장의 카드가 존재한다. 그런데 이 카드엔 사건, 상황을 친절하게 설명해 주는 채색의 그림들이 없다. 뜻을 알 수 없는 단색의 무미건조한 기호들이 그려져 있다. 타로와 달리 64개의 기호를 '해독'하기 어려운 건, 단순하고 엇비슷한 모양의 기호들 탓이다. 아무런 사전 지식 없이 그 기호를 쳐다본다고 의미가 떠오르거나 하지는 않는다. 그건 어려운 게 아니라 불가능한 일이다.

64장의 카드에서 두 장을 떼어놓고 살펴보자.

왼쪽 기호는 온전히 이어진 막대들 여섯 개로 이뤄져 있다. 오른쪽 기호는 가운데가 끊어진 막대들로만 만들어져 있다. 막대는 어느 쪽이든 여섯 개다. 여섯 개의 막대로 이뤄진 기호들을 각각 '괘'라고 부른다.

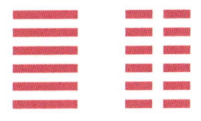

주역에는 그런 괘가 64개 있다. 괘를 이루는 하나하나의 막대는 '효'라고 부른다. 그림에서 보듯 효는 두 가지로 구분된다. 이어진 막대를 양(陽), 끊어진 막대를 음(陰)이라 부른다. 양과 음의 호칭은 약속일 뿐이니 그냥 그렇게 알아두면 된다. 언뜻 봐선 무의미해 보이는 이 기호를 타로의 그림처럼 읽어낼 수 있으면 주역 공부의 절반은 끝난다.

주역의 카드가 왜 64장인지부터 점검해 보자. 주역에서 왜 '작은 불씨'가 중요한 역할을 하는지도 이제 드러날 것이다. 그러기 위해선 먼저 두 개의 기호를 찬찬히 들여다봐야 한다.

양의 막대 6개로 이뤄진 왼쪽의 기호는 물 샐 틈 없이 단단해 보이지만, 사실은 대단히 연약하다. 우리 사는 동네에 지진이 일어나면 건

물이 흔들리고, 금이 가고, 그게 심해지면 무너진다.

양의 막대 6개로 이뤄진 기호도 마찬가지다. 자극을 받으면 막대들이 흔들리기 시작한다. 어떤 막대엔 금이 간다. 그게 심해지면 막대가 끊기기도 한다. 어떤 게 끊어질지는 알 수 없다.

자극의 강도와 종류에 따라 한 개가 끊어질 수도, 여러 개가 한꺼번에 끊어질 수도 있다. 이어져 있을 때 양이었던 막대들은 끊기면서 음으로 변한다. 그렇게 변화를 겪다 보면 순수하게 양으로 이뤄진 왼쪽 기호가 순수한 음의 모둠인 오른쪽 기호로 변하기도 한다.

음의 막대로만 이어진 오른쪽 기호도 마찬가지다. 자극을 받으면 흔들리고, 흔들리는 과정에서 금 갔던 부분들이 서로 부딪치며 그러다 이어진다. 그렇게 음의 막대가 하나둘씩 양으로 변하다 보면, 온통 양의 막대로 이뤄진 왼쪽 기호가 출현하기도 한다.

이제 두 가지를 기억하자.

첫째, 지진이 심하고 잦아서 기호의 모양이 계속 바뀐다 해도, 막대 6개로 보여줄 수 있는 기호의 수는 64개를 넘지 못한다.

왜 그럴까. 한 괘에는 6개의 자리가 있다. 6개 각각의 자리에서 가능한 막대의 모양은 어쨌거나 양과 음 둘뿐이다. 아무리 변화가 심하다 해도 $2 \times 2 \times 2 \times 2 \times 2 \times 2 = 64$를 넘지 못한다. 주역의 카드가 64장인 이유다. 64개의 기호는 그렇게 탄생했다.

두 번째 항목으로 넘어가기 전에 알아둘 게 있다. 첫날의 공부를 마무리하면서 '64개의 기호와 448개(64개의 괘사+384개의 효사)의 예언'을 말했다. 이때 '괘사'는 괘에 딸린 메시지, '효사'는 효에 딸린 메시지를 말한다. 그 메시지들은 대개 예언의 형태를 지닌다. 그래서 '448개의 예언'이란 표현을 썼다. 아울러 64개의 괘사와 384개의 효사를 구분했다.

64개의 괘사는 물론 64괘 각각에 딸린 메시다. 그럼 효사는 왜 384개일까. 맞다. 64×6=384다. 하나의 괘는 6개의 음 또는 양의 효로 이뤄졌기 때문이다. 주역의 본체(역경과 역전 중 역경)는 그렇게 64개의 메시지와 384개의 메시지를 더한 448개의 메시지로 이뤄졌다.

정말 잊지 말아야 할 건 두 번째다.

지진이 심하면 건물은 무너진다. 흔들리다가 벽에 금이 가고, 그러다 한쪽 벽이 주저앉고 마침내 건물 자체가 붕괴한다. 주역은 지진보다 훨씬 약한 자극에도 쉽게 흔들린다. 아니, 끊임없이 흔들리는 중이다. 눈에 보이지 않을진 몰라도, 자극이 없는 때란 없기 때문이다.

그러나 건물과는 다르다. 쉼 없이 흔들리는 과정에서 막대들은 금이 가고 끊어지기도 하지만 무너지진 않는다. 그렇게 흔들리는 동안 끊어졌던 것들이 다시 부딪치고 이어지기 때문이다. 주역의 체계 속에서 64괘는 쉬지 않고 자신의 형태를 바꾸어 가지만, 무너지지 않는다. 그래서 다시 한번…….

흔들린다, 무너지지 않는다

끊어지고 이어지는 음양의 막대 하나하나가 선사가 화로 속에서 찾아내 들어 보였던 '작은 불씨'다. 64개의 괘를 이루는 음양의 막대들이야말로 쉼 없이 반짝거리는 불씨들이다. 불의 기운이 극도로 강해져 빨갛게 달아오르는 그 순간 막대는 강한 양의 기운을 내뿜지만, 절정은 쇠락을 부른다. 약해진 불씨는 시들해져 곧 꺼져버릴 것만 같다. 그러나 어디에선가 휙, 바람 한 줄기 불면 다시 살아나는 게 불씨다.

주역의 64괘를 인수분해하면 음과 양의 막대들만이 수두룩하게 남는다. 하지만 음과 양은 딱딱하게 굳어 생명력 없는 '막대'들이 아니다. 하나하나가 끊임없이 타오르고 또 사그라지는, 그러나 끝내 꺼지지 않는 불꽃들이다. 천 년 전 선사가 제자를 깨닫게 했던 그 '작은 불씨'들이다.

주역 64괘는 인적 없는 밤거리의 신호등처럼, 누가 있건 없건 쉬지 않고 명멸하는 불씨들의 체계다.

셋째 날 ─────────────

세상사 복잡해도

주역의 진입장벽을 하나둘씩 부수어 나갈 차례다. 가장 강력하고 압도적인 장벽은 물론, '그게 그거 같이 생겨' 구분이 안 되는 64개의 기호다. 64괘의 모양을 구분해 내는 순간, 주역은 피안(彼岸)에서 차안(此岸)으로 건너와 우리의 친구가 된다. 다행인 건 첫 번째 장벽을 허무는 게 생각보다 어렵지 않다는 사실이다. 세상의 풍경을 머릿속에 그릴 줄 알면 된다.

하늘과 땅은 제자리를 지키고,
우레와 바람은 쉼 없이 부딪치고
산과 호수는 기운을 통하고,
해와 달은 서로를 거누지 않는다

주역의 편집자들은 세상을 단순화할 줄 아는 사람들이다. 그들은 드넓은 대륙을 밤낮으로 관망하며 세상의 풍경과 변화를 요약했다. 복잡다단한 세상을, 그들은 8가지 요소와 그 요소 간의 조화, 경합, 충돌로 묘사했다.

네 줄의 짧은 시를 소리 내 읽으며 우리가 사는 세상을 그려보라. 눈앞에 장엄한 풍경이 펼쳐진다. 언제나 굳건한 하늘과 땅 사이로 비바람이 불고, 산과 호수가 어울리고, 그 위로 해와 달이 앞서거니 뒤서거니 세상을 비춘다.

그렇게 하늘(천 天)과 땅(지 地), 우레(뇌 雷)와 바람(풍 風), 산(山)과 호수(택 澤), 해와 달이면 충분하다. 단, 여기서 주의할 게 하나 있다. 해와 달은 주역에서 불(화 火)과 물(수 水)의 상징이다. 그래서 해와 달을 불과 물로 대체하면 자연을 이루는 8가지 요소는 이렇게 정리된다.

천 택 화 뢰 풍 수 산 지
하늘 호수 불 우레 바람 물 산 땅

짝지어져 있던 것들을 떼어내면서 새로운 순서로 배열했다. 왜 그랬는지는 8개의 자연 요소가 감춘 음양의 특성을 보면 알 수 있다. 그건 조금 후에 설명할 생각이다. 중요한 건 우리를 둘러싼 세계가 8개의 요소로 인수분해된다는 사실이다.

그런데 세상은 보이는 게 모두는 아니다. 서양철학을 잠깐 참고하자. 고대 그리스의 철학자 플라톤(기원전 427~347)은 천상에 '이데아'가 존재한다고 했다. 우리 곁엔 책상이 있다. 그런데 책상의 원형(이데아)이 이 세상 아닌 다른 어딘가에 따로 있다고 플라톤은 믿었다. 이데아로서의 책상은 이 세상의 책상과는 다르다. 어디 한 군데 흠잡을 수 없는 완벽한 책상이다. 우리가 아무리 정확히 삼각형을 그린다 해도, 그 삼각형은 어딘가에서 비뚤어지고 어긋난다. 하지만 삼각형의 이데아는 그야말로 완벽한 삼각형이다.

하늘과 땅, 우레와 바람, 산과 호수, 불(해)과 물(달)도 그렇다. 하늘의 이데아는 건(乾), 땅의 이데아는 곤(坤), 우레의 이데아는 진(震), 바람의 이데아는 손(巽), 산의 이데아는 간(艮), 호수의 이데아는 태(兌), 불의 이데아는 리(離), 물의 이데아는 감(坎)이다. 현실의 자연과 이데아를 짝지어 보자.

천 택 화 뢰 풍 수 산 지
건 태 리 진 손 감 간 곤

이게 주역에서 말하는 8괘다. 천택화뢰풍수산지는 '현상'이고, 건태리진손감간곤은 '이데아'다. 주역은 현상과 이데아를 혼용한다. 어쨌거나 8개다. 이 8개의 기호를 위아래로 겹치면 모두 64개의 기호가 탄생하는데, 그게 바로 64괘다.

64괘로 넘어가기 전에 8괘 뒤에 숨은 음양의 세계를 살짝 엿보는 게 좋겠다.

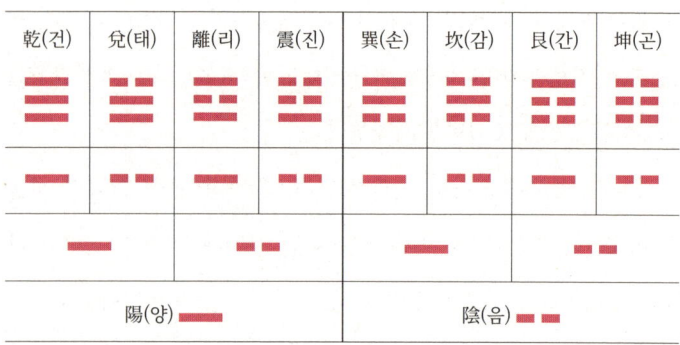

음과 양이 쌓이면서 어떻게 자연의 이데아가 만들어지는지 알려주는 도식이다. 건(천)은 양의 막대 셋으로만 이뤄졌다. 맨 오른쪽 곤(지)은 음의 막대 셋으로만 만들어졌다. 진(뢰)은 위로 음의 막대 둘, 아래로 양의 막대다.

8개의 기호는 이해할 게 아니라 외워야 한다. 양으로만 이뤄진 건과 음으로만 이뤄진 곤은 '이해' 가능하지만, 나머지 기호들은 사실상 '약속'이다. 약속은 외워야 한다. 옛날 사람들은 이렇게 외웠다.

乾三連 (건삼련)	兌上絶 (태상절)	離虛中 (리허중)	震下連 (진하련)	巽下絶 (손하절)	坎中連 (감중련)	艮上連 (간상련)	坤三絶 (곤삼절)

건삼련은 '건은 3개 모두 이어졌다'는 뜻이다. 태상절은 '태는 위에만 끊겼다'는 뜻이다. 가운데가 끊겼으니 음의 표시다. 리허중은 '리는 가운데가 허전하다'는 뜻이다. '허전하다'도 '끊겼다'는 말처럼 음을 표현한다.

乾(건)	兌(태)	離(리)	震(진)	巽(손)	坎(감)	艮(간)	坤(곤)
天(하늘)	澤(호수)	火(불)	雷(우레)	風(바람)	水(물)	山(산)	地(땅)

이게 8괘다. 8괘만 제대로 알면 주역 공부는 절반 완성이다. 8괘를 위아래로 조합하면 64괘가 되고, 그게 주역의 골격이다. 64괘에 이름을 붙여주고, 짤막한 해설을 달아주면 그게 동양의 신비한 경전 주역이다. 8개의 자연요소(천택화뢰풍수산지)와 그 이데아(건태리진손감간곤), 그리고 음양의 기호(건삼련 태상절 등등)만 알면, 주역 공부는 정말 절반은 끝난 거다.

사흘 만에 주역 공부를 절반 완성한 기념으로 멋들어진 문장 하나를 소개한다.

건곤실색 일월무광(乾坤失色 日月無光)

하늘(건)과 땅(곤)이 색을 잃고, 해(일)와 달(월)도 빛을 잃었다. 캄캄하고 침침한 이 풍경은 뭘까. 《선가귀감》이라는 선불교 고전의 첫머리에 등장하는 말이다. 세상을 아득하고 망연하게 만드는, 수수께끼 같은 문장이다.

직지인심(直旨人心)이란 말이 있다. 사람의 마음을 직접 가리킨다는 뜻이다. 불교는 깨달음의 종교다. 깨닫기 위해서 팔만의 장경에 담긴 무수한 이론을 섭렵해야 하는 것으로 사람들은 알았다. 그런데 선사들이 나타나 선언한다. 이론이란 것을 꼭 공부해야 할 필요는 없다, 당신의 마음을 직접 바라보라!

깨달음에 있어 중요한 건 그렇게 자기 마음인데, 남의 말(이론)에 기대려다간 온 우주가 갑자기 캄캄해질 거란 게 '건곤실색 일월무광'에 담긴 속뜻이다.

그런데 건곤과 일월에 주목하자. 하늘과 땅(건곤)은 제 위치를 지키고, 해와 달(일월)은 서로를 겨냥하지 않는다고 했다. 그러니까 《선가귀감》의 '건곤실색 일월무광' 여덟 글자는 주역을 공부하는 사람들에게는 무시무시한 말이다.

주역의 기본, 주역의 절반인 8괘의 풍경을 일거에 무너뜨리는 섬뜩한 문장이기 때문이다. 하늘과 땅이 색을 잃고, 해와 달이 빛나지 않으면 무슨 일이 벌어지겠나?

주역은 망한다.

불교가 주역을 반대한다거나, 주역과 불교가 불화한다는 식의 거창한 얘기를 하려는 건 아니다. 8괘를 외우자는 얘기다. 8괘가 사라지면 주역도 없다.

8괘는 주역의 기본이다.

사족

주역에선 해와 달을 불과 물로 치환한다고 했다. 이데아로 따질 때 불과 물은 '리'와 '감'이었다. 순서를 살짝 바꾸어 합하면 '감리'가 된다. 《선가귀감》의 문장은 그러니까 '건곤(하늘과 땅)'과 '감리(물과 불)'에 대한 저격이다.

'건곤감리'라 하면 떠오르는 게 있다. 바로 태극기다. 태극기는 주역의 집약이다. 정중앙, 붉고 푸른 음양의 원을 건곤감리가 감싼다.

넷째 날

붉은 노을의 추억

서울 도심을 걷다가, 초고층의 빌딩들 사이로 펼쳐진 노을을 한참 바라본 적이 있다. 10년도 더 전이다. 지금도 잊히지 않는 날이다.

혼자였다. 저녁 5~6시쯤 서울 광화문 앞을 걷다가 북쪽을 보니 북악산 뒤로 북한산 보현봉이 보였다. 늠름한 보현봉의 서편으로 고단한 해가 막 넘어가는 중이었다. 별다른 생각 없이 다시 고개를 시내 쪽으로 돌리고 다시 거리를 걸었다. 산을 넘는 해를 보는 게 특별한 일도 아니고.

그런데 어느 순간, 삽시간에 하늘 위로 붉고 상서로운 기운이 퍼졌다. 퍼뜩, 다시 고개를 들었다. 붉은빛은 북악산과 북한산 저편 아래에서 올라와 광화문과 남대문을 거치고 남산과 서울역 쪽 하늘을 향해 서서히 퍼져 나갔다. 눈을 뗄 수 없었다. 아름다운 풍경에 반해서만은 아니었다.

주역 64괘에 대해 오랫동안 품었던 의혹들이 한순간에 풀렸다.

깨달음은 뜻하지 않은 순간에, 뜻하지 않은 곳으로부터 찾아온다. 그날 광화문을 뒤덮은 붉은 노을 아래서, 주역은 숨겨왔던 속내를 내게 일시에 드러냈다. 북악산과 북한산 너머로 숨어든 불덩이(태양)의 찬란한 발광(發光) 아래서 주역의 64괘는 '건조한 기호'이기를 그쳤다. 괘 하나하나는 속으로 강렬한 에너지를 숨긴 자연의 상징이었다.

그날 붉은 노을이 촉발한 '주역적 각성'을 나누려 한다. 해 질 녘 광화문을 걷고 있던 내 눈 앞에 펼쳐진 그날의 북한산 풍경을 간단하게 도식화할 수 있다.

산(山)+불(火)=꾸미다(賁 비)

주역에서 해와 불, 달과 물은 혼용된다고 했다. 산 아래로 태양이 숨어 들어가는 모습은 그래서 '산화'로 표현한다. 태양(또는 불)이 산 위에 머물고 있다면 산과 화의 위치를 바꿔서 '화산'이다.

태양은 산 아래로 자신을 숨기면서 세상을 꾸민다. 아름답게 만든다. 21세기 광화문에 선 나처럼 3,000년 전 중원에 선 주역의 창안자도 초저녁의 붉은 노을에 넋을 잃었을 것이다. 주역 64괘 중 22번째인 산화비(山火賁) 괘는 그렇게 탄생했다.

주역은 자연이다. 8괘는 이 세상 풍경의 단순화였다. 64괘는 8괘를 위아래로 겹쳐 조금 더 복잡한 세상까지 묘사하려는 시도다. 그날 붉은 노을에 흠뻑 빠져든 후, 두꺼운 주역 텍스트 속의 64괘는 더 이상 무의미한 기호가 아니었다.

어디 한 번, 북한산 뒤로 숨은 태양의 이후 행로를 '주역적으로' 추적해 볼까. 북한산 뒤로 흘러간 태양은 어디로 갔을까. 광명을 희생하는 대가로 붉은 노을을 이 세상에 흩뿌린 태양은, 멈추지 않고 자신을 끊임없이 낮추더니 땅속으로 숨어든다. 주역의 편집자는 태양이 땅속에 자신을 가두고 유폐에 돌입한 진기한 광경을 8괘로 도식화한다. 그리고 탄식한다.

태양이 상처를 입었다!

지화명이(地火明夷) 괘가 탄생하는 순간이다.

지(地)+화(火)=밝음이 상처받다(明夷 명이)

한자 '이(夷)'는 상처 입는다는 뜻이다. 주역은 이런 식이다. 자연을 아주 긴 시간 동안 살핀 후, 그 속에 숨은 뜻을 밝혀낸다. 일몰에서 예술가의 창작을 읽고(꾸미다!), 지하로 숨어든 태양에서 상실의 아픔(상처받다!)을 본다.

상처받은 태양은 그러나 땅속에 머물며 자신을 치유하고 다시 지평선 위로 떠오른다. 그렇게 위로 태양, 아래로 땅이 있는 일출의 풍경을 주역은 이렇게 묘사한다.

화(火)+지(地)=나아가다(晉 진)

64괘 중 하나인 화지진(火地晉) 괘가 세상에 모습을 드러내는 순간이다.

주역 64괘는 자연과 사람의 모습을 한데 담는다. 왼쪽은 자연의 이야기, 오른쪽은 사람의 이야기다. 산과 태양의 중첩(자연)에서 무언가 꾸미는 행위(인간)를 포착했다. 땅과 태양의 결합(자연)에선 아픔(인간)을 읽었다. 태양과 땅을 겹쳐(자연) 세상으로 나아가는 젊음(인간)을 묘사한다.

주역은 그러니까 자연인 동시에 우리가 살아가는 세상이다. 복잡다단한 현실을, 기쁘고 슬픈 상황들을 간결한 기호로 표현해 준다. 그리고 그 상황은 적어도 64가지다.

64괘는 제각각 삶의 상황을 담는다. 삶이 처한 상황을 알려주는 대신, 삶에 필요한 지침을 던져주기도 한다. 끝까지 견뎌라, 이제 그만 철수해라, 조금 더 참으면서 관망하라는 식이다.

어쨌든 중요한 건, '주역= 64가지 삶의 상황'이란 사실이다. 그리고 주역은 64가지 상황을 64개의 기호(괘)에 하나씩 분배해 보여준다.

주역 64괘

1	2	3	4	5	6	7	8
중천건 重天乾	중지곤 重地坤	수뢰준 水雷屯	산수몽 山水夢	수천수 水天需	천수송 天水訟	지수사 地水師	수지비 水地比

9	10	11	12	13	14	15	16
풍천소축 風天小畜	천택리 天澤履	지천태 地天泰	천지비 天地否	천화동인 天火同人	화천대유 火天大有	지산겸 地山謙	뇌지예 雷地豫

17	18	19	20	21	22	23	24
택뢰수 澤雷隨	산풍고 山風蠱	지택림 地澤臨	풍지관 風地觀	화뢰서합 火雷噬嗑	산화비 山火賁	산지박 山地剝	지뢰복 地雷復

25	26	27	28	29	30	31	32
천뢰무망 天雷无妄	산천대축 山天大畜	산뢰이 山雷頤	택풍대과 澤風大過	중수감 重水坎	중화리 重火離	택산함 澤山咸	뇌풍항 雷風恒

33	34	35	36	37	38	39	40
천산둔 天山遯	뇌천대장 雷天大壯	화지진 火地晉	지화명이 地火明夷	풍화가인 風火家人	화택규 火澤睽	수산건 水山蹇	뇌수해 雷水解

41	42	43	44	45	46	47	48
산택손 山澤損	풍뢰익 風雷益	택천쾌 澤天夬	천풍구 天風姤	택지췌 澤地萃	지풍승 地風升	택수곤 澤水困	수풍정 水風井

49	50	51	52	53	54	55	56
택화혁 澤火革	화풍정 火風鼎	중뢰진 重雷震	중산간 重山艮	풍산점 風山漸	뇌택귀매 雷澤歸妹	뇌화풍 雷火豊	화산려 火山旅

57	58	59	60	61	62	63	64
중풍손 重風巽	중택태 重澤兌	풍수환 風水渙	수택절 水澤節	풍택중부 風澤中孚	뇌산소과 雷山小過	수화기제 水火旣濟	화수미제 火水未濟

많은 사람이 모멸감을 느끼며 살아간다. 세상 사람들이 자신을 부당하게 대한다고 여긴다. 모든 일이 자신에게만 불리하게 전개된다고 생각한다. 어쩔 때는 '불리(不利)'라는 개념이 마치 블랙홀처럼 모든 상황을 흡수한다.

다행히 시절이 괜찮아 불리하지 않아도 문제다. 온통 자기에게 유리한 것으로만 상황을 해석하기 때문이다. 불리하지 않으면 유리하고, 유리하지 않으면 불리하고……. 그게 보통 사람들이 삶을 살아가는 방식이다. 편리하긴 하다. 하지만 그렇게 살면 피곤하다.

어떤 쪽이든 삶의 상황이 최소 64개는 된다는 주역의 암시는 쉽게 이해되지 않는다. 주역이 신비하고 난해하다는 이미지를 갖게 된 데는, 사람들의 그런 편견도 한몫했다. 세상은 아주 복잡하다는 사실을 우리는 너무 자주 잊는다.

아무 때라도 한 번쯤 나를 내려놓고, 그 '나'라는 존재를 주역에 한 번 투영시켜 보라. 유리와 불리로 상황을 파악하는 일이 잘못돼도 한참 잘못됐단 것을 금방 알게 된다. 살다 보면 갖가지 상황에 맞닥뜨린다. 그 갖가지 상황들이 주역에는 아무렇지 않은 듯 건조한 기호로 펼쳐져 있다.

주역 64괘 읽는 법

우리가 요즘 보는 주역은 이런 식으로 64괘를 펼친다(34~35쪽).

64개의 기호 모두 8괘가 위아래로 중첩된 형태다. 괘는 중천건에서 시작해 화수미제로 끝난다.

그런데 64괘를 다른 식으로 구성할 수도 있다. 8개의 작은 괘(8괘)가 어떻게 위아래로 합쳐져 64괘를 구성하는지 보여주는 표다(38쪽). 맨 위를 보면 오른쪽으로 건→태→리→진→손→감→간→곤의 8괘가 진행된다. 왼쪽을 보면 아래로 건→태→리→진→손→감→간→곤이 흐른다. 괘 이름 위의 숫자는 요즘 쓰는 주역 64괘 표에서 그 괘가 어디 있는지 알려준다. '건' 위의 1은 첫 번째 괘란 표시다.

지금까지 우리는 64개의 괘 중 이미 다섯 개를 만났다. 다섯 개의 괘가 어떻게 만들어지는지 이 표를 통해 확인할 수 있다.

둘째 날 공부에서 모두 양으로만 이뤄진 괘 하나와 모두 음으로만 이뤄진 괘를 만났다. 모두 양으로만 이뤄진 괘는 위(상괘)도 '건'이고, 아래(하괘)도 '건'인 상태다. 표를 보면 상괘의 첫 번째 칸에 건이, 하괘의 첫 번째 칸에 또 건이 있다. 두 개를 겹친 괘의 이름 역시 건이다.

건은 하늘을 뜻하는 한자 천(天)의 이데아이니, 건의 중첩은 천의 중첩이기도 하다. 그래서 이 괘를 '중천건'이라 한다.

중천건의 괘 바로 옆에 음으로만 이뤄진 괘가 있었다. 중천건을 이룬 양의 막대들이 심하게 흔들리면 끊어진다고 설명했다. 그렇게 모두 음으로만 이뤄진 괘가 만들어진다.

64괘 상하괘 도해

하괘 \ 상괘	☰ 건 천	☱ 태 택	☲ 리 화	☳ 진 뢰	☴ 손 풍	☵ 감 수	☶ 간 산	☷ 곤 지
☰ 건 천	1 건 乾	43 쾌 夬	14 대유 大有	34 대장 大壯	9 소축 小畜	5 수 需	26 대축 大畜	11 태 泰
☱ 태 택	10 이 履	58 태 兌	38 규 睽	54 귀매 歸妹	61 중부 中孚	60 절 節	41 손 損	19 임 臨
☲ 리 화	13 동인 同人	49 혁 革	30 리 離	55 풍 豊	37 가인 家人	63 기제 旣濟	22 비 賁	36 명이 明夷
☳ 진 뢰	25 무망 无妄	17 수 隨	21 서합 噬嗑	51 진 震	42 익 益	3 준 屯	27 이 頤	24 복 復
☴ 손 풍	44 구 姤	28 대과 大過	50 정 鼎	32 항 恒	57 손 巽	48 정 井	18 고 蠱	46 승 升
☵ 감 수	6 송 訟	47 곤 困	64 미제 未濟	40 해 解	59 환 渙	29 감 坎	4 몽 蒙	7 사 師
☶ 간 산	33 둔 遯	31 함 咸	56 여 旅	62 소과 小過	53 점 漸	39 건 蹇	52 간 艮	15 겸 謙
☷ 곤 지	12 비 否	45 췌 萃	35 진 晉	16 예 豫	20 관 觀	8 비 比	23 박 剝	2 곤 坤

표의 상괘에서 가장 마지막 칸이 '곤'이다. 하괘 역시 가장 마지막에 '곤'을 뒀다. 두 개를 합치면 중지곤이 된다. 곤은 땅을 뜻하는 지(地)의 이데아이기 때문이다.

광화문의 붉은 노을에 숨어 있던 산화비 괘도 표에서 찾아보자. 상괘의 일곱 번째 칸에 '간'이 있다. 간은 산(山)의 본체를 부르는 이름이다. 하괘의 세 번째 칸에 '리'가 있다. 리는 불을 뜻하는 화(火)의 본체다. 두 개를 위아래로 겹치면 산화비 괘가 나타난다. '비'는 꾸민다는 뜻이라고 설명했다.

산화비에 이어 태양의 움직임을 좇아가며 만난 지화명이, 화지진 괘도 표에서 쉽게 확인할 수 있다.

하나의 괘는 그렇게 위아래의 8괘가 만나 이뤄진다. 이 표는 괘의 구성을 알기 위해 임시로 만든 64괘의 표가 아니다. 64괘의 배열 방식을 주춧돌 삼아 만들어지고 실제로 통용됐던 표다.

왕필(王弼, 226~249)이라는 3세기 중국의 천재가 주역 64괘를 이런 방식으로 배열했다.

'유일한 주역 64괘 배열'이 있는 건 아니다. 세상에는 다양한 64괘의 표현 방식이 있었다. 요즘 우리가 알고 쓰는 64괘와 그 배열은 그중 하나일 뿐이다.

다섯째 날

흩어지고 버려진 것들을
사랑하다

살면서 흐트러진 것, 어질러진 것, 유동적인 것, 무질서, 혼돈을 만나는 게 두려웠다. 정해놓은 규칙에 맞춰두었던 일상이 조금이라도 무너지면 어쩔 줄 몰라 했던 기억이 있다. 허물어진 걸 인정하고 반성한 후에, 그 상태에서 또 새롭게 일을 진척시켜 나가면 되는 건데, 일 전체를 그르친 적이 있다.

누구에게나 그렇게 질서, 정돈에 대한 강박이 있다. 주역 공부하면서 그런 강박을 버리게 됐다.

주역의 표면을 64괘라는 간결하고 완벽한 '수의 체계'가 보호하고 있다. 얼마나 순수하고 무결한 체계인지는 삼백 년 전 유럽의 철학자 고트프리트 빌헬름 라이프니츠(1646~1716)의 경우만 살펴도 알 수 있다. 라이프니츠는 르네 데카르트(1596~1650) 이후 합리론을 발전시킨 철학자로 유명하지만, 이진법을 창안한 수학자이기도 하다.

라이프니츠는 지인을 통해, 청나라에서 건너온 그림 한 장을 입수한다. 64개의 주역 괘가 도표처럼 정리된 그림이다. 우리가 공부한 중천건, 중지곤, 산화비, 지화명이, 화지진 이름과 기호들이 8×8의 배열로 결합한 그림이다.

그런데 라이프니츠는 그 종이에 정갈하게 그려진 64개의 기호 밑에 0에서 63에 이르는 숫자를 펜으로 하나하나 써나갔다. 육필이 실제로 남아 있다. 라이프니츠는 64괘를 이루는 음의 기호를 0, 양의 기호를 1로 봤다. 0에서 9까지의 숫자를 활용해 수의 체계를 구축하는 십진법과 달리, 이진법은 0과 1로만 수의 체계를 구성한다.

그렇게 64개의 괘에 이진법을 적용하면, 0에서 63까지의 숫자가 나온다. 그 숫자를 유럽의 철학자 라이프니츠가 직접 괘 옆에 표시한 것이다.

라이프니츠의 육필이 담긴 64괘의 그림을 보고, 서양 이진법의 발원지가 주역이라고, 0과 1로 이뤄진 디지털 세상도 다 주역에서 시작된 거라고 말하는 사람들도 있지만 그건 그들의 '신앙'일 뿐이니 그냥 넘어가겠다.

무관하게 주역의 64개 기호가 지극히 단순한 0과 1의 조합, 즉 이진법으로 표시될 만큼 정갈하게, 물 샐 틈 없이 배열된 숫자의 체계란 사실은 얘기해도 좋다.

삼백 년 전 유럽의 철학자 라이프니츠까지 끌어오면서 하고 싶은 얘기는 딴 게 아니다. 주역은 정합적으로 보이지만, 완벽한 코스모스의 외양 뒤에는 극심한 카오스가 펼쳐져 있다는 것이다. 그걸 확인하기 위해선 주역의 형성사를 잠시 훑어봐야 한다.

세상엔 보이지 않는 게 많다. 다행스러운 일이다. 고대 중국인들은 자연에서 하늘, 땅, 해, 달, 산, 호수, 바람, 번개를 봤다. 그런데 그게 전부라고 생각하진 않았다. 더 근원적인 게 자연에 깃들어 있다고 생각했다. 보이진 않지만, 속에 깃들어 있는 것, 그게 무얼까.

음과 양이다. 자연엔 패턴 같은 게 있다.
낮이 가면 밤이 온다. 여름이 가면 겨울이 온다. 위로 오르기도 하지만, 다시 곤두박질치기도 한다. 한없이 추락하는가 했는데, 반등한다. 뭉쳤다가 풀리고, 흩어졌다가 모인다. 아무래도 자연의 배후엔 무언가 있다. 그 무엇인가를 음양으로 짐작했다.
보이는 것들 배후의 음과 양이 만나고 또 헤어지는 동안, 하늘과 땅, 해와 달, 산과 호수, 바람과 번개가 생겨난다. 건곤감리 이전에 음과 양이 존재한다. 세상은 음과 양의 기운으로 가득하고, 강하고도 부드러운 그 기운이 세상의 만물을 빚어낸다.
주역이 그 음양으로부터 출발한단 사실을, 사람들은 오래전에 알아냈다. 주역은 음양에서 출발해 8괘를 거쳐 64괘에 이른다. 그리고 64괘마다, 그리고 64괘를 이루는 음양의 기호마다 메시지가 따라붙는다. 그 메시지의 개수가 모두 448개다.

사실 메시지라기보다 사건 기록에 가깝다. 사건 중엔 일어난 일도, 일어날 일도 있다. '일어난 일'에 대한 얘기가 기록이라면, '일어날 일'에 대한 얘기는 예언이다. 주역엔 사건과 예언이 뒤섞여 있다.

왕명을 받아 어딘가를 급히 가다가 길을 잃기도 하고, 전쟁을 준비하다가 수레가 망가지기도 한다. 거친 밧줄에 묶이고 덤불의 가시에 찔린 채 삼 년을 갇힌다.

하지만 뜻하지 않게 산속에서 아름다운 여인을 만나기도 한다. 위기의 순간에 누군가 나타나 나를 돕는다. 황폐한 핏빛의 땅 위로 은총 같은 비가 내린다.

이런 사건 기록들에 예언이 뒤섞인다.

그런데 사람들은 기록이든, 예언이든 사건의 나열에 만족하지 못했다. 의미를 부여해야 했다. 공자의 제자들이 주로 그런 일을 했다. 공자가 주역을 하도 읽어서, 책을 묶은 끈이 여러 번 헤지고 끊어졌다 하지 않나. 공자의 제자들은 무엇보다 자기 수양을 중시한 사람들이다. 주역이 자기 수양의 경전 성격을 갖게 된 건 그런 과정을 거쳐서다.

세월을 거치면서 해설은 방대해졌고, 고대 중국인들은 그렇게 원래의 메시지에 덧붙인 해설을 카테고리들로 나누고 묶어 '열 개의 날개'

라는 신비한 이름을 선사했다. 기호와 사건 기록과 예언으로 이뤄진 주역의 본체를 날게 해주는 장치란 의미로 '날개'란 용어를 소환했다. 한자로는 '십익(十翼)'으로 쓴다.

이게 간략한 주역의 탄생 히스토리다. 주역을 연구하는 사람들 사이에 정설로 굳어진 공식 역사다.

음양→8괘→64괘→사건 일지(괘사와 효사)→메시지들→10개의 카테고리 구분

그런데 그들이 수천 년간 고집해 온 주역의 '공식 역사'가 통째로 거짓말이라는 게 문제다.

세계의 본질을 이루는 음양에서 출발해 8괘, 64괘로 몸을 불리고, 10개 카테고리에 이르는 화려한 해설로 끝을 내기까지, 주역의 형성 과정은 매끄럽고 매력적이다. 그러나 한 치의 오차도 없는 '연역'에 기댄 주역의 형성사는 순전히 거짓이다.

출발하는 순간부터 착오다.

《마법 천자문》이라는 아이들 학습 만화책이 있다. 2000년대 초반 처음 나와 지금껏 수천 만 부가 팔렸다는 전설적 만화다. 희대의 고전《서유기》를 변주했다. 주인공도《서유기》와 마찬가지로 손오공

이다.

책의 대략적인 줄거리는 이렇다. 아주 옛날, 한곳에 모여 있던 한자들이 사고로 인해 세상 곳곳에 흩어진다. 그 세상을 혼세 마왕과 그의 부하들이 지배하려 한다. 화과산에서 태어난 영웅 손오공이 그에 맞선다. 그때 싸움의 무기가 바로 한자 파편들이다. 어느 한쪽이 "불어라, 바람 풍(風)!"을 외치며 공격하면, 방어하는 쪽에선 "막아라, 손 수(手)!"로 맞선다. "타올라라, 불 화(火)!"로 불 공격을 펼칠 수도 있고, "흘러 넘쳐라, 물 수(水)!"로 물 공격을 퍼부을 수도 있다.

《마법 천자문》을 앞에 둔 채, 아이들은 귀여운 손오공이 펼치는 어드벤처 활극에 주목하고, 부모들은 책 한 권에 한자 스무 개가 잘 등장하는지, 한자 능력 시험에 필요한 수준은 맞추고 있는지 신경 쓴다.

우리의 관심사는 물론 다르다. 수많은 한자가 산과 들에 버려진 채 주인을 기다렸다는 작품의 설정 자체가 관심사다.

주역의 시작도 그랬기 때문이다.

《마법 천자문》의 한자들처럼, 고대 중국에서도 모종의 메시지들이 흩어진 채 방치돼 있었다. 그곳은 궁중의 창고 한구석일 수도, 전쟁 후의 야산 또는 들판일 수도 있다. 메시지들은 돌 조각에, 또는 나무 조각에 새겨진 채 버려져 방치돼 있었다. 메시지들은 다양한 사건의 기록, 예언을 담고 있었으니, 한 글자로 이뤄진 한자보다 복잡했다.

문밖으로 나가 사람을 모은다

수레바퀴의 살이 엇나갔다, 싸움이 벌어진다

싸우는 건 좋지만, 이기지 못하면 큰 낭패다

달이 보름에 가깝다, 홀로 나아가도 탈이 없다

늙은 버드나무에 꽃이 핀다

이 기록들은 사건 기록일까, 예언일까.

어느 쪽이든 3,000~4,000년 전에 실제로 존재했고 그 후로도 오랫동안 '영향력'을 발휘했던 메시지들이다. 그런데 왕궁 어딘가에 모셔졌던 메시지들이 전쟁을 겪고, 세월에 시달리면서 이곳저곳에 흩어졌다.

나중, 주역의 편집자들이 흩어졌던 그 메시지들을 하나하나 모으고 정리했다.

모두 몇 개나 됐을까. 수도 없었을 게다. 그 수많은 메시지 중에서 500개 안팎의 인상적인 사건, 사고, 예언의 기록이 살아남아 주역의 데이터를 구성했다.

처음엔 무질서한 기록들이었을 것이다. 그러다 비슷한 내용의 메시지를 주제별로 묶고, 이후 어떤 지식인 집단이 창안했을 음양, 8괘, 64괘의 분류 방식을 채택하면서 주역은 강고한 체계를 얻는다. 이어 공자의 제자들이 64개의 기호와 단순한 사건, 사고 메시지에 의미를 부여하기 시작한다.

주역 탄생의 히스토리는 이렇게 바로잡혀야 한다.

무질서한 점의 기록 → 1차 분류(현실 적합성) → 음양·8괘·64괘 착안 → 2차 분류(괘사·효사) → 10개의 해설

주역의 형성사도 바로잡아야 하지만, 그만큼 중요한 게 주역의 탄생 히스토리에 숨은 삶의 혼란과 애환을 발견하는 일이다.

64괘의 깔끔한 포장 뒤에는, 창고에서 먼지를 뒤집어쓴 채, 아니면 거친 들에 버려져 흩어져 있었을 사건과 예언의 기록들이 감춰져 있다. 수백 년에 걸친 혼돈과 무질서의 상황을 주역은 뒤에 숨기고 있다. 64개의 기호로 집약된 주역이 아무리 냉철하고 차가워 보여도, 그 뒤엔 거대한 혼돈이 존재한다.

부디, 우리 머릿속의 개념이 만들어 낸 이 세상의 질서에 집착하지 말기를 바란다. 세상의 질서란 사람들이 안락을 느끼기 위해 만들어 낸 환상과 허구에 불과하다.

살다가 삐끗하고 일이 어긋나도 놀라선 안 된다. 정돈돼 있던 우리의 일상이 한두 가지의 실수로 갑자기 무질서와 혼돈의 장으로 변해도 당황해선 안 된다.

세상은 원래부터 코스모스가 아니라 카오스였다. 주역의 전 체계

는 그걸 웅변한다. 정돈된 것들 뒤의 어지러운 풍경……. 언제라도 일상이 무너지면 그 자리에서 조용히 상황을 직시하고 다시 시작하면 된다.

주역은 언제나 무질서와 혼돈의 와중에 있는 우리에게 위로의 말을 건네려 하는지도 모른다.

2부

별자리는 아름다울 뿐 아니라

여섯째 날

세상은 끊임없이
암시를 건네고

건·곤·준·몽

64괘의 바다는 우주처럼 넓고 거칠다. 안개로 자욱하다. 짙은 해무 속에서 모든 존재가 흐릿하다. 그 안에서 수많은 기호와 메시지들이 별처럼 점멸한다. 서로 경쟁하듯이 잠깐씩 모습을 드러냈다 사라진다. 흡사 이런 풍경이다.

> 검푸른 바닷가에 비가 내리면 어디가 하늘이고 어디가 물이오? 그 깊은 바닷속에 고요히 잠기면 무엇이 산 것이고 무엇이 죽었소? 눈앞에 보이는 수많은 모습들, 그 모두 진정이라 우겨 말하면……

주역의 64괘를 떠올릴 때마다 서정과 비애로 가득한 김민기의 노래 〈친구〉가 생각난다. 함께 그 검푸른 바닷가를 한 번씩 떠올려 주었으면 한다. 노래가 그려 주는 바다 풍경은 흐릿하지만, 그 안에선 저마다 '진정'을 호소하는 무언가가 반짝이다가 사라진다. 주역의 광대한 바닷속에서 점멸하는 64괘와 그에 딸린 메시지들도 그렇다.

64괘들은 저마다 진리를 주장한다. 지금 당신이 처한 상황을 가장 잘 알려주고, 미래를 타개할 비책을 제시하는 것도 바로 64개의 기호와 메시지라고 말하는 중이다. 그러면서도 평소엔 깊은 바닷속에 고요히 잠겨 있다.

첫 번째 괘부터 살펴보자.

1. 중천건; 너무 높이 오른 용은 후회한다

주역 64괘는 용(龍)의 일생을 그리는 것으로 장대한 여정의 첫발을 뗀다. 주역의 첫 번째 중천건(重天乾)괘는 하늘이 끝없이 펼쳐지는 모습이다. 괘의 이름 '건'은 굳건하다, 유장하다는 뜻을 갖는다. 사람들은 중천건 괘 하나만 제대로 알아도 주역 전체를 관통하는 이해를 얻을 수 있다고 말한다.

물론 과장이다. 과장이지만 허풍은 아니다. 중천건 괘에 대한 이러한 찬사는 64괘를 모두 훑은 뒤에야 이해하거나 거부할 수 있다.

괘 하나하나를 천천히 알아가는 게 우선이다. 주역의 한 괘는 6개의 음 또는 양을 쌓아 만든다. 각각의 음 또는 양에 점사(占辭)가 따라

붙으니 메시지는 모두 6개가 된다.

물에 잠긴 용은 쓰지 않는다
용이 잠시 뭍에 몸을 드러낸다
하루 종일 씩씩하다
작은 물에서 뛰어논다
날아오른 용이 하늘에 있다
너무 높이 오른 용이 후회한다

주역의 말은 간결하다. 구구절절 설명하지 않는다. 짧고 단정적이다. 주역의 말은 단언(短言)이면서 단언(斷言)이다. 주역이 우리에게 던지는 첫 번째 선언은 얼마나 강력한가.

준비가 되지 않은 용은 쓰지 말라! 주역의 문을 열어젖힌 용의 활보는 이후로도 신중하지만 거침없다. 물속에 잠겨 있어 사람들이 모두 잊었을 때쯤, 용은 잠시 육지에 몸을 드러낸다. 그러나 곧 사라진다. 그러더니 깊지 않은 물에서 노는 모습을 흔연스럽게 노출한다.

그리고 비약한다. 어느새인가 높은 하늘로 날아올라 있는 용을 보고 사람들은 크게 놀란다. 스타의 탄생, 영웅의 출현은 늘 그런 식이다. 번개처럼 갑자기 출현한다.

우리가 흥망성쇠(興亡盛衰)라 부르는 자연과 사람의 일을 주역은 용의 일생으로 구체화해 보여준다. 우리는 보이지 않던 용이, 슬쩍 모습을 드러내고, 갑작스레 높은 하늘에서 웅장한 모습을 드러내는 사건의 전개를 보며 그 이후를 직감한다.

용의 일생이 곧 우리의 한 생애이기 때문이다. 가까운 곳에 또 먼 곳에 있는 사람의 숱한 생애를 직접 보며 살기 때문이다.

너무 높이 오른 용은 후회한다!

중천건 괘의 메시지들은 요즘에도 신문의 정치면 같은 데에 원문 그대로 등장하는 경우가 많다. 알아둬서 나쁠 게 없겠다.

항룡유회(亢龍有悔) 너무 높이 오른 용이 후회한다
비룡재천(飛龍在天) 날아오른 용이 하늘에 있다
혹약재연(或躍在淵) 작은 물에서 뛰어논다
종일건건(終日乾乾) 하루 종일 씩씩하다
현룡재전(見龍在田) 용이 잠시 뭍에 몸을 드러낸다
잠룡물용(潛龍勿龍) 물에 잠긴 용은 쓰지 않는다

잠룡물용, 비룡재천, 항룡유회 모두 우리 일상에서 흔히 쓰이는 말이다.

한자 원문을 굳이 소환한 이유는 또 있다. 메시지의 순서를 보면,

위아래가 바뀌어 있다. 제일 아래 잠룡물용에서 시작해, 맨 위 항룡유회에서 끝난다.

음 또는 양의 기호를 효, 각각에 딸린 메시지를 효사라 한다는 말을 이미 했다. 그런데 주역의 효는 아래로부터 쌓아나간다. 그러니 메시지의 전개 순서는, 굳이 따지자면 아래에서 위로 간다.

용의 사연과 관련해 한두 가지 더 얘기할 게 있다. 여섯 개의 메시지 중 세 번째 메시지의 주어는 사실 용이 아니다. 용의 일생을 그리는 전체 서사에 맞춰, 용이 주어인 것처럼 읽히지만 이 구절만은 다르다. 중천건의 세 번째 메시지는 '군자'이다. 이 구절은 나머지 다섯 개의 메시지와 확연히 구분된다.

지혜로운 사람은 종일 씩씩하다가 저녁이면 두려워한다, 걱정은 있으나 허물은 없다

군자를 지혜로운 사람으로 풀었다. 이 문장은 용의 구체적인 활동을 묘사하는 나머지 효사와는 결이 다르다. 굳이 구분하자면 고뇌하는 지식인의 모습에 가깝다.

주역의 편집자는 건 괘를 용의 드라마로 구성하면서도 이 문장 하나를 놓지 못했다. 슬쩍(또는 무리하게) 끼워 넣었다. 성찰과 반성의 중요성을 강조하고 싶었을 게다.

끝없는 하늘을 위아래로 겹쳐 놓은 건 괘를 음미할 때마다, 잠룡물용에서 비룡재천을 거쳐 항룡유회에 이르는 거대 서사에 반한다. 동시에 해지는 저녁이면 자세를 바로 하고 성찰과 반성에 돌입하는 한 인간의 모습을 그리며 숭고해진다. 세태가 가벼울수록 진지하고 지극한 삶의 자세가 그리워지기 때문이다.

천자문을 뒤적이던 시절이 있었다. 자연과 인간사에 대한 간결한 요약과 확고한 장악에 매력을 느꼈다. 그런데 천자문의 천 글자 중엔 송구공황(悚懼恐惶)이란 네 글자가 등장한다. 뜻이 소름 끼친다.

두려워하고, 두려워하고, 두려워하고 또 두려워한다

너무 환한 시대일수록 두려움은 미덕이다. 해 떨어진 후의 어둠에 자신을 동화하고, 일과 중의 발광(發光)을 누그러뜨리려는 노력이 필요하다. 강건해 보이는 중천건의 기호와 메시지를 음미하면서 나는 수시로 마음의 불을 끈다.

마지막으로 잠룡물용에서 항룡유회로 이어지는 첫 번째 주역 괘의 변화 스타일은 나머지 63개의 괘에서도 반복된다는 걸 알아야 한다.

주역의 64개 괘는 한결같은 구조를 지녔다. 미약한 단계에서 시작해 극성기를 거치고 다시 쇠퇴한다. 극성기는 대개 주역의 여섯 개 국면 중 다섯 번째 단계에서 발현된다. 여섯 개의 국면은 인생의 전개일 수도, 사건의 전개일 수도 있다.

시작은 미약했으나, 그 끝은 창대하리라

그리스도교 구약의 〈욥기〉에 나오는 이 문장은 동서양을 넘나든다. 그러나 창대한 상황에서 자제하지 못하면, 얼마 안 있어 후회하는 용이 된다.

2. 중지곤; 세상은 끊임없이 속삭이고

주역은 64괘의 화려한 막을 용으로 열어젖혔다. 두 번째 괘는 어떤 이야기일까. 용의 사연에 버금갈 어떤 이야기가 있을까.

두 번째 괘의 이름은 중지곤(重地坤)이다. 첫 번째 건 괘가 양으로만 이뤄졌다면, 두 번째 곤 괘는 순수하게 음이다.

양이 용이라면, 음은 무엇일까. 실제로 중지곤 괘를 만난 순간, 괘에 담긴 스산한 서정과 깊은 뜻에 반하고 말았다.

용의 세계는 웅장하고 광대하다. 주역은 용이 날아다니는 거대한 세계에서 시작한다. 하지만 바로 지극히 미세한 세계로 하강한다. 거시적인 우주에서 미시적 우주로 급강하한다. 주역의 두 번째 중지곤

패는 포착하기 어려울 정도로 조용히 나타났다 사라지는 미묘한 암시들에 관해 이야기한다.

세상을 살면서 기미를 파악하는 일이 중요하다. 논리적으로 똑똑하고, 깊이 사유하고, 종합적인 판단을 하고…. 그런 것들은 일을 다 추진하고 난 뒤의 사후 약방문들이다. 세상의 일들은 그런 여유를 허락하지 않는다.

일이 돌아가는 상황을 조용히 지켜보면서, 상황의 뒤에 숨은 아주 조그마한 단서 하나를 포착해 주목하는 편이 더 낫다. 그 단서가 앞으로 어떻게 자신을 전개하며 전체 상황을 바꿀지 알아채는 것, 그게 더 중요하다. 흔히들 낌새라고도 하는 그 무언가를 순간적으로 잡아채야 잘 산다. 그게 정말 똑똑한 거다.

중지곤 괘는 기미와 낌새에 관한 아주 단순하고도 아름다운 비유를 던진다.

서리를 밟으면 곧 단단한 얼음에 이른다

어느 늦가을 이른 아침, 희고 고운 서리를 발견했다. 집 주변을 산책하다가 길을 살포시 덮은 서리를 밟는다. 무슨 일이 벌어질까. 곧 겨울이 온다. 조만간 눈이 내리고, 희뿌연 얼음이 곳곳에 나타날 것이다. 얇디얇은 서리 하나만 보고서도 사람들은 가을에서 겨울로 가는,

계절의 거대한 순환을 눈치챈다. 하지만 모두가 그런 건 아니다. 자연의 암시를 포착하는 데 둔감한 사람들, 그런 암시를 무시하는 사람들이 훨씬 많다.

곤 괘는 순수한 음의 집적이다. 그 음의 첫발을 주역의 편집자는 늦가을 서리로 시작했다. 추상적인 음의 속성을 늦가을 서리로, 그 시린 풍경으로 보여준 주역의 편집자는 끊임없는 세상의 속삭임에 귀 기울일 줄 아는 사람이었다.

3. 수뢰준; 혼돈은 누구에게나

양과 음, 거시와 미시의 극명한 대조로 64괘의 거대한 바퀴를 돌리기 시작한 주역은 또다시 방향을 틀어 의외의 상황을 사람들에게 보여준다. 끝도 없이 유장한 하늘(중천)과 끊어질 듯 끊이지 않는 겹겹의 땅(중지) 사이에 존재하는 혼돈을 세 번째 상황으로 내민다. 모든 게 뒤섞여 무엇 하나 명쾌하지 않은 상황이다. 모든 게 미해결로 남은 진통의 시절이다.

수뢰준(水雷屯) 괘는 습기를 한껏 품은 먹구름(수)이 번개(뢰)를 쳐대는데 정작 비는 내리지 않는 상황이다. '준(屯)'은 머뭇거린다, 서성인다는 뜻이다. '군대가 00지역에 주둔한다' 할 때 쓰는 '둔'과 같은 한자다. 머뭇거리고 서성인다는 뜻일 때는 '준'으로 읽는다.

일이 시작되기 전 혼돈의 세상은 형체도 없이 답답하기만 하다. 이런 세상에서 사람들은 쭈뼛거리고, 두리번거리고, 서성인다. 어수선한 상태로 머뭇거리며 시간을 허비한다. 모든 사람에게 갑갑하고 괴로운 유보와 준비의 시간을 주역은 세 번째 괘 수뢰준의 상황으로 묘사한다.

고대인들은 세상의 혼돈을 지극히 인간적인 모습으로 형상화했다. 심각하면서도 어딘가 우습다. 수뢰준 괘는 먼저, 구혼의 상황을 묘사한다. 신부를 찾아가는 신랑의 모습을 눈앞에 그려준다. 신랑은 말에 올라타고도 어찌할 줄 몰라 자꾸 말에서 내린다.

사슴을 쫓아 숲속에 들어가는 사냥꾼의 모습도 보여준다. 하지만 사냥꾼은 숲속에 들어가도, 사슴을 잡지 못할 상황을 예상하는 듯하다. 차라리 포기하는 게 낫겠다는 생각이 들어 다시 머뭇거린다. 이러지도 저러지도 못하는 풍경을 다양한 방식으로 그린다.

주역은 그러나 시작 전의 혼돈, 머뭇거림을 격려하고 칭찬한다.

주저하고 또 주저한다, 순정한 모습으로 자리를 지키면 이롭다

사는 동안 누구나 머뭇거린다. 그럴 땐 그냥 머뭇거려도 좋다. 준비가 안 되었거나, 자신의 시대를 만나지 못했을 땐 웅크리고 긴장한 상

태로 준비할 뿐이다. 한 발도 앞으로 내밀지 못하는 순간도 있다. 그럴 땐 훗날을 도모하며 마음을 정갈히 하라고, 그럼 좋은 일이 있을 거라고 주역은 권고한다.

때론 빈둥거리고 서성이는 중에 대안이 튀어나오기도 한다. 안 그래도 머리가 횅한데 거창한 계획을 세우고, 크나큰 포부와 야심을 장전하려고 애쓰다간 몸만 피곤해진다.

애쓰면 빗나간다.

4. 산수몽; 모든 시작은 미약하지만

"하늘에서 떨어지는 건 무엇이든 신성하다"는 소설 속 한마디가 좋아 애지중지하는 작가가 있다. 짧은 영상 강의를 제공하는 TED에서 알게 된 터키 출신 여류 소설가 엘리프 샤팍이다.

터키 사람이지만 영어로 글을 쓰는 작가다. 이슬람의 신비주의와 서양의 합리주의 사이 길을 뚫고 둘을 화해시키는 강연이 매혹적이어서 그의 소설 《이스탄불의 사생아》를 구해 봤다. 이후 하늘에서 떨어지는 모든 걸 신성하게 여길 줄 알게 됐다.

그렇게 하늘에서 떨어지는 황금빛 햇살, 첫눈, 한여름의 소낙비, 때아닌 우박, 제 궤도를 이탈한 별똥별을 사랑하게 됐는데, 실물을 보지 못한(앞으로도 보지 못할) 낙하물이 하나 있다. 바로 저 먼 하늘 빽빽한 먹구름 사이에서 처음으로 툭, 떨어지는 비 한 방울이다. 그 신성한 시작의 순간을 볼 수 있다면 참 행복하겠다고 늘 생각한다.

주역의 세 번째 수뢰준 괘가 먹구름의 괘였다면, 네 번째 산수몽(山水蒙) 괘는 먹구름에서 떨어지기 시작하는 가녀린 빗줄기 같은 괘다. 일의 시작, 새로운 출발, 그 와중의 어리숙함까지 한데 전하는 괘다. '몽(蒙)'이 어수룩함, 무지를 뜻한다. 무지몽매하다 할 때, 그 '몽'이다. 누군가를 계몽한다고 할 때 쓰이는 단어이기도 하다.

그러나 맨눈으로 확인할 수 없는 한 방울의 비를, 주역의 편집자는 깊은 산속 어느 곳에선가 처음 흐르기 시작하는 물줄기로 형상화한다. 괘의 이름이 알려주는 대로, 산 아래로 물줄기가 막 나타났다.

어린애 같은 풋풋함을 뜻하는 괘이지만, 속내를 들여다보면 단순하지 않다. '몽'에는 어둡고, 어리석다는 의미가 있다. 6개의 효사에도 그런 내용들이 모여 있다. 어리석음을 깨우쳐 주고, 포용한다. 어리석은 탓에 곤란해지기도 한다.

산기슭에서 솟아 졸졸 흐르기 시작한 이 샘물은 다른 샘물들과 합쳐져 강물이 되고, 마침내 큰 바다에 이른다. 샘물은 사람으로 치면 어린 시절이다. 어린 시절의 몽매는 얼마나 성스러운가. 서툰 말과 몸짓 속엔 거대한 미래의 가능성이 숨겨져 있다. 몽 괘는 그래서 어린아이의 무지에 관대하다. 아니, 어린아이의 순진함을 사랑한다.

어린아이의 어리숙함은 나쁘지 않다

 어린아이의 어리숙함은 천진난만이다. 맑은 하늘처럼 자연 그대로의 모습이어서 천진(天眞)이고, 그게 빛을 내며 흐드러지니 난만(爛漫)이다. 길하지 않을 리 없다. 어린애처럼 순진하고 무구하면 복된 일이 생긴다. 힘겨울 땐 몽매의 시절을 떠올리며 그냥 어린애처럼 웃어보는 것도 좋을 것 같다. 두려움이 사라질 것이다.

일곱째 날 ─────────

내가 찾지 않으면
그가 나를

수·송·사·비

네 개의 괘와 함께 주역 공부도 본격적으로 시작했다. 그런데 주역 공부를 할 때 주의할 점이 있다.

끊임없이 물러나야 한다는 점이다. 눈앞에 보이는 괘에만 몰두하다간 길을 잃는다. 멀리 떨어져서, 펼쳐지는 풍경을 감상할 줄 알아야 한다.

중국 고대 문헌 중에 《이아(爾雅)》라는 문자 풀이 사전이 있다. 《이아》의 내용 중에 '망(望)'에 관한 해설이 있다. 바라본다는 뜻의 '망'이란 단어에 관해, 이 사전은 어떤 해설을 붙일까.

망 망야 시원망망연야 우망야 원시망망야

望 惘也 視遠惘惘然也 又茫也 遠視茫茫也

세 개의 '망'이 등장한다. 멀리 바라보려면(망, 望) 멍해야(망, 惘) 한다. 멍하고 또 멍해야 멀리 본다. 바라보는 건 또 아득한(망, 茫) 곳으로 시선을 돌리는 일이다. 아스라하게 먼 곳을 바라보는 일이다. 망의 변주가 아름다워 《이아》에 반했다.

'망 망야 시원망망연야……'를 나지막이 읊으며 주역을 생각한다. 논리를 버리고 그저 멍한 마음으로, 아득하게 주역을 바라본다. 그때 떠오르는 게 주역 64괘의 참모습이다. 흐릿한 풍경들 사이로 낯설게 드러나는 주역이 진짜 주역이다.

일곱째 날 우리는 다시 네 개의 괘를 만난다. 수천수(水天需), 천수송(天水訟), 지수사(地水師), 수지비(水地比) 그렇게 넷이다. 《이아》의 충고대로 멀리 떨어져 쳐다보자. 각각의 괘에 몰두하는 대신 뒤로 물러서서 괘들을 조망해 보자.

뭐가 보이나. 네 개의 괘에 모두 물(수)이 등장한다. 주역의 편집자들이 물의 움직임 하나로 얼마나 다양한 의미를 만들어 내고 있는지 보고 있으면 기가 막힐 정도다.

하늘 위에 구름으로 머물며 '비를 기다리라' 권하는 물(수-천), 하늘과 결별해 지상으로 내려오는 물(천-수), 땅속으로 조용히 스미는 물(지-수), 강 하구를 향해 산기슭과 평행으로 달리는 물(수-지)이 있다.

과도하게 몰입하고 논리에 집착해선 주역이 보이지 않는다. 불합리의 극치인 점사들과 후대 유학자들의 논리적이고 철학적인 신념이 긴밀하게 뭉쳐 있는 게 주역이다.

5. 수천수; 비를 기다리는 마음

 무언가를 막 시작하는 사람들을 가로막는 흔한 난관이 기다림과 갈등이다. 주역의 5번째 괘 수천수가 기다림, 6번째 천수송이 갈등의 상황을 그린다.

기다림의 괘 수천수부터 살펴보자.

주역이 탄생한 중국의 내륙은 상시적인 가뭄으로 곤란을 겪던 지역이었다. 그들에게 기다림 중에서 가장 힘들고, 가장 지루한 게 비를 기다리는 일이었다.

옛 기록에는 다양한 기우제(祈雨祭)가 등장한다. 비를 기다리는 건, 전쟁 때문에 멀리 떠난 연인을 기다리는 일만큼 절실했다. 하늘의 구름을 망연히 쳐다보며 비를 그리워하는 상황이 주역엔 여럿이다.

수천수는 수증기가 하늘 위에 머물러 있는 상황을 묘사한다. 짙은 구름이 먼 하늘 위를 떠도는 중이다. 사람들은 하늘 위의 물방울들이 비가 되어 떨어지길 기다린다. 기다린다는 뜻을 가진 한자 '수(需)' 자체가 비(雨)에서 나왔다.

그러나 비는 쉽게 내리지 않는다. 하늘 위에 구름으로 뜬 채, 저 아래 세상일에는 무관심하다. 가뭄과 흉작과 배고픔은 땅의 일이지, 하늘의 일이 아니다.

비가 안 오면 다른 방법이 없다. 내릴 때까지 기다리는 거다. 무작정의 대기(待期), 그 기다림을 상정하며 주역이 모아놓은 이야기들은 처절하다. 여기저기 장소를 옮겨 다니며 기다리고, 때론 죽음을 감수하면서 무언가 기다리는 얘기가 등장한다.

수천수 괘는 아주 먼 교외에서 무언가 혹은 누군가를 기다리는 상황을 보여준다. 괘의 주인공은 발을 옮기기도 힘든 모래사장에서 기다리고, 진흙탕에 빠진 채로도 기다린다. 급기야 피를 흘리며 기다리는 모습이 등장하기도 한다. 전쟁의 와중에 뽑은 점사였을 것이다.

고난의 상황만 있는 건 아니다. 술과 음식을 먹고, 흥청망청 즐기면서 기다리는 상황도 제시된다. 사는 건 기다리는 일이다. 주역은 5번째 괘 수천수에 다양한 기다림의 경우를 모아두었다.

그래서 결론은 이렇다.

변하지 않으면 이롭다

기약 없어도 변하지는 말라고, 초심을 지키라고 주역은 주문한다. 막연한 미래 앞에서도 믿음을 버리지 말라고 권한다.

그리고 내가 누군가를 찾아 나서지 않으면 그 사람이 나를 찾아온다. 조바심 내지 말고 기다리면 사람이든 기회든 나에게 다가온다. 한

번 돌아보자. 우두커니 혼자 앉은 내게도 사람이 찾아왔던가. 기회가 문을 두드렸던가.

누군가 오고, 무엇인가 두드렸다. 그러나 지나친 적이 많았다. 온 줄도 모르고 흘려보낸 적이 많았다. 그래도 다시 기다린다. 기다리고 또 믿는다.

우리는 구름이 비가 되는 모습을 너무도 많이 봐오지 않았나. 비는 온다. 가뭄은 사라진다.

6. 천수송; 싸움의 절반은 진다

 기다리는 일은 그래도 견딜 만하다. 그런데 우리는 또, 가깝고 멀리 있는 사람들과 끊임없이 갈등한다. 갈등이야말로 일상다반사다.

질서 속에 감춰진 무질서를 간파하는 게 주역 이해의 요체다. 강고해 보이는 64괘의 정합적 체계 안에 담긴 점사들은 흩어진 모래알이며, 산만한 별들이다. 코스모스의 표면 뒤에는 카오스의 현실이 굳건히 버티고 있다. 질서는 강박이고, 환상이다. 너무나도 인간적인 집착일 뿐이다. 동시에 해체를 기다리는 허상이다.

평화로운 것 같은 우리의 일상 뒤엔 언제나 갈등과 다툼이 감추어져 있다. 불화는 상수다. 싸움은 언제나, 어디에나 있다. 평화가 허상이고 싸움이 현실이다.

천수공 괘의 '송(訟)'은 누군가와 소송한다고 할 때 쓰는 바로 그 한자다. 다툼의 이야기 모음이 천수송 괘다. 하늘은 위로 흐르고, 물은 아래로 흐르기에, 둘은 서로 어긋날 수밖에 없다고 주역은 천-수의 형상을 푼다. 그 어긋남을 방지하려면 일을 벌일 때 그 시작을 잘 살펴야 한다는 충고를 덧붙인다. 한번 어긋나면 틈은 계속해서 벌어진다.

송 괘에는 다툼에서 지는 얘기가 빈번히 등장한다. 불극송(不克訟)을 말한다. 소송에서 이기지 못한다는 뜻이다. 사람은 이길 것 같은 싸움을 앞두고 점치지 않는다. 질 것 같으니까, 불안하니까 점친다. 그러니 점사에 불극송이 자주 등장하는 건 당연하기도 하다.

다툼에서, 갈등에서, 싸움에서 진 뒤의 처방을 주역은 두 갈래로 정리한다.

싸움에 지고 시골로 돌아간다, 삼백 호 정도의 마을이면 무난하다
싸움에 지고 천명을 따른다

사람의 일과 하늘의 뜻, 주역은 두 가지 해결책을 내놓았다.

인구가 그리 많지 않은, 그래서 친근하게 지낼 수 있는 정도의 사람들이 사는 마을로 돌아가라고 주역은 충고한다. 삼백 가구의 집이 옹기종기 모여 사는 작은 마을로 돌아가라 한다. 그곳의 사람들은 지치

고 상처 난 패자를 위로한다. 칩거는 하되 은거는 피해야 한다. 사람들 사이에서 부대껴야 한다.

그리고 겸허히 하늘의 뜻(천명)을 되새긴다. 운명에 대한 관조가 패배의 쓰라림을 어루만진다.

주역은 운명의 책이기도 하다. 64괘를 들여다보는 행위는 곧 운명을 관조하는 일이다.

그 옛날의 공자가 그렇게 운명을, 주역을 바라보다가 64괘 꾸러미를 묶은 가죽끈을 여러 번 끊어먹었다.

7. 지수사; 굳고 정한 사람

눈앞에 적이 나타나면, 그들에 대항하기 위해 같은 뜻을 가진 사람들끼리 뭉친다. 천수송의 상황에 지수사로 맞선다. 지수사 괘의 '사(師)'는 조직과 관계한다.

군대에서는 여단, 사단, 군단을 구분한다. 지수사의 '사'는 바로 사단의 사다. 여단보다 크고 군단보다는 작은 규모의 무리가 사다. 사는 그렇게 조직된 무리를 뜻하는 동시에, 조직을 지휘하는 리더를 의미하기도 한다. 사단의 사인 동시에, 사부(師父)의 사다. 현대적 의미에서 사 괘는 그래서 리더십의 괘다. 사 괘는 리더십의 기술을 두 가지로 요약한다.

마음이 곧은 장부라야 한다
무리의 안에 들어가 있어야 한다

'마음이 곧은'을 표현한 한자 '정(貞)'은 시인 백석의 시에 나오는 갈매나무의 굳고 정함과 같은 것이다. 〈남신의주 유동 박시봉방〉이란 시 가운데 이런 구절이 등장한다.

나는 이런 저녁에는 화로를 더욱 다가 끼며, 무릎을 꿇어 보며,
어느 먼 산 뒷옆에 바우섶에 따로 외로이 서서,
어두워 오는데 하이야니 눈을 맞을, 그 마른 잎새에는,
쌀랑쌀랑 소리도 나며 눈을 맞을,
그 드물다는 굳고 정한 갈매나무라는 나무를 생각하는 것이었다

굳고 정한 사람을 누구도 마다하지 않는다. 환영받는 사람이 리더가 된다. 굳고 정한 사람이 리더다. 혼란한 시대일수록 강건하고 순정한 지도자에 대한 바람은 크다.

무리 안에 들어가 있어야 한다는 충고도 소중하다. 대중 안에서 대중의 마음을 얻어야 조직을 이끈다. '땅에 스며든 물(지수)'이라는 괘

의 형상을 기억하는 것만으로 리더십의 절반은 이뤄진다.

땅속에 스며든 물은 온 힘을 다해 나무를 살리고 숲을 보존한다. 나무의 뿌리에 시시각각 흡수되는 물의 움직임은 자기희생이다. 자신을 버리면 주위 사람들이 자신을 따른다. 일은 그래야 이뤄진다.

8. 수지비; 어깨를 나란히 할 때의 기쁨

주역은 지수사의 리더십을 넘어, 사람들 사이의 관계에 대해 좀 더 근본적인 통찰을 제공한다.

수지비 괘의 이름인 '비(比)'에 대해 먼저 살펴보는 게 좋겠다.

사주에 비견(比肩)이라는 용어가 있다. 어깨(肩)를 나란히(比) 한다는 뜻이다. 사주에 비견의 특성이 강해지는 때가 오면, 뜻 맞는 사람과 동업하는 게 좋다고 명리 하는 사람들은 풀이한다.

사주는 오행(五行)의 체계다. 오행은 거칠게 말하면 목(木), 화(火), 토(土), 금(金), 수(水)라는 다섯 가지 요소 또는 에너지를 말한다. 나무, 불, 흙, 쇠, 물로 자연과 세상을 설명하는 체계가 사주다.

사주는 다섯 가지 요소를 짝짓는 방법으로 자신을 확장해 나간다. 이때 비견은 같은 오행이 함께 나타나는 경우를 말한다.

내가 나무의 기운을 타고났는데, 시운(時運)에도 나무의 기운이 들어오면 비견의 상황이다. 사주는 거대한 은유의 체계다. 비견의 상황이 찾아오면, 우리도 주변 사람들과 사이좋게 어울려 지내는 게 좋다. 어깨를 나란히 하는 게 좋다.

주역의 8번째 괘 수지비의 '비'도 비견의 비와 다르지 않다. 괘의 형상을 풀이하며 주역의 편집자들은 "땅 위로 물이 흐르는 게 '비'로, 선왕(先王)은 그로써 나라를 세우고 제후들과도 친했다"고 해설한다. 산기슭에서 출발하는 강은 바다에 이르기까지 땅과 함께한다. 땅은 물을 품어주는 동시에 물과 동행한다. 땅과 물은 어깨를 나란히 한다.

수지비는 그러니까 남들과 어울려 살아가는 일에 관해 얘기하는 괘다. 괘에 등장하는 해설 중 '외비지(外比之)' 세 글자가 눈에 띈다.

바깥에서 나란히 한다

내 영역에만 머물러선 제대로 어울릴 수 없다. 누군가와 가까워지려면 바깥으로 나가야 한다. 낯선 이들의 얘기를 듣고, 그들과 어깨를 나란히 해야 한다. 그렇게 바깥사람과 만나는 일은 외부로 열린 창들을 한두 개씩 터 나가는 일이고, 그런 창을 통해 우리에겐 예상치 못한 세계가 열린다.

사주 얘기를 좀 더 보태면, 사주에서 중시하는 '운'도 낯선 사람과의 새로운 만남을 통해서 트인다는 게 그쪽 고수들 이야기다. '백호대살'

이니, '귀문관살'이니 하는 이상한 용어를 들이대다가, 슬쩍 부적 얘기를 꺼내는 하수의 사주쟁이들을 쫓아다닐 일이 아니다.

건강한 삶을 살아가려면 낯선 거리에서 새로운 사람들과 만나 그들과 어깨를 나란히 하는 경험이 필요하다. 그것이 주역과 사주의 공통적인 충고다. 가끔은 모르는 사람한테 슬쩍 말도 건네며 지내보자. 낯설지만 즐겁다.

여덟째 날 ─────────────

한자, 성경,
벽암록 소각 사건, 혜능

기다림을 뜻하는 5번째 수천수 괘에서도 그랬지만, 주역에는 비(雨)가 많이 나온다. 오지 않는 비를 기다리거나, 삶을 포기할 만큼 척박한 상황에서 홀연히 내려주는 비에 안심하거나, 멀리서 몰려오는 소나기의 장관을 보며 숭고해지는 상황이 등장한다.

언젠가는 '雨'란 글자가 좋아 '雨'가 들어간 한자들을 애써 찾아보기도 했다. 雲(구름 운), 雪(눈 설), 電(번개 전), 雷(우레 뢰), 震(우레 진), 雹(우박 박), 霜(서리 상), 霧(안개 무), 露(이슬 로), 霎(가랑비 삽)……. 주로 날씨와 관계된 단어가 많지만, '雨'의 용도는 그 정도를 훨씬 뛰어넘는다.

신비하고 영험한 기운을 뜻하기도 하고(靈 신령 령), 한 무리 중에 선두나 어떤 일의 맨 처음을 뜻할 때도 있다(霸 으뜸 패). 삶의 추락을 뜻할 때 쓰는 영락(零落)에도 '비'가 부수로 들어간다(零 떨어질 령). 수천수 괘에서처럼 기다림을 뜻하는 한자(需)로 거듭나기도 한다.

'雨'라는 글자 하나로 자연에서 삶에 이르는 광범한 영역을 헤집는 한자의 세계는 너무 매력적이다. 한자의 생태계 안에선 사람들의 상상력이 글자의 형태로 '몸'을 갖춘다. 상상으로 이뤄진 사유의 보물창고가 한자다.

그런데 한자 문화권이 아니었으면 주역이 탄생했을까. 주역은 그림 또는 기호(64괘)와 텍스트(괘사, 효사라는 이름의 무수한 메시지)가 결합한 진기한 책이다. 한자가 구현하고 있는 '그림+뜻'의 결합이 신비한 형태로 부풀려진 게 주역이다. 그림과 메시지를 통합하는 데 능했던 한자 문화권이 아니면 주역은 빛을 보지 못했을 것이다.

주역 속에는 고대의 점사와 음양의 기호, 그리고 유학자들이 만든 '의리'의 메시지들이 강고하게 밀착되어 있다. 그렇게 다양한 요소들이, 기원전의 천 년 세월을 거치면서 농밀하게 서로에게 녹아들었다.

그런데 같은 천 년의 세월 동안 유럽과 맞닿은 아시아의 반대편 지중해 부근에서는 어떤 일이 벌어졌을까. 그곳에서는 그리스도교의 성경이 탄생했다.

성경은 무엇으로 만들어졌을까. 성경은 '말씀'으로 이뤄진 텍스트다. '오로지 말씀'으로만 구성된 텍스트다. 〈창세기〉의 신은 "빛이 있으라!"는 말 한마디로 창조를 시작한다. 직후 빛을 낮이라 부르고, 어둠을 밤이라 불렀다. 〈요한복음〉은 "태초에 말씀이 있었다"는 말로 시작된다. 이어 말의 육화(肉化), 즉 말이 몸이 되는 과정과 몸을 얻은 말(예수)의 행적을 짚어 나간다. 그리스도교를 문명의 토대로 삼은 유럽까지 포함해 그들은 '로고스'의 사람들이다. 로고스는 이성이기도 하고 말이기도 하다.

주역이 그림으로 사유하는 사람들이 만들어 낸 경전이라면, 성경은 말로 사유하는 사람들이 만들어 낸 경전이다.

64괘를 짚어 나가다 말고 유라시아를 아우르는 문명 얘기를 꺼내는 건 다른 이유가 아니다. 주역에 관한 오래된 때론 고리타분한 해설에 말 그대로 매몰되는 경우가 많아서다.

주역의 교과서는 예외 없이, 서두부터 음양의 원리와 신농씨, 복희씨, 신비한 거북, 용의 머리를 가진 말, 봉황의 사연을 꺼내 든다. 거기에 훈계와 계도의 근엄으로 경직된 유학자들의 메시지를 강요한다. 하지만 주역에 매몰된 채로는 주역의 전모를 파악하지 못한다. 한참을 뒤로 물러서야 보이는 게 주역이다.

형상을 포기하지 않는 한자의 고집과 형상(우상)을 배격하는 지중해 사람들의 강박을 함께 떠올릴 줄 알아야 주역의 참모습이 드러난다. 커다란 맥락 속에서만 참뜻이 드러난다.

주역을 무속과 전설과 유학의 굴레로부터 탈출시키는 게 중요하다. 그래야 그 속에 담긴 사람들의 희로애락과 드라마와 위안의 메시지가 드러난다. 주역에 매몰되지 말아야 주역이 뭔지 알 수 있다. 주역을 주역으로부터 해방시킬 필요가 있다.

천 년 전 세상에 나왔다가 황당한 이유로 사라질 뻔한《벽암록(碧巖錄)》이란 책이 있다.《벽암록》은 위대한 책이다. 선불교의 다양한 텍스트들 가운데 최고라는 의미에서 '종문 제일(宗門第一)의 서(書)'란 별칭이 붙기도 한다.

그런데 1120년대에 나온 이 책은, 책을 최종 편집한 선사의 수제자에 의해 불태워졌다. 실수로 한두 권을 불태운 게 아니다. 출간된 책들을 모두 모아, 작정하고 불을 붙였다.

《벽암록》은 선(禪)의 신화적 창시자인 달마가 자신의 공덕을 뻐겨대는 양 무제를 하수 취급한 뒤, 양쯔강을 건너가 9년 면벽에 돌입한 얘기에서 시작한다. 달마는 진리를 묻는 양 무제를 침묵으로 일갈한 후, 자리를 박차고 길을 떠났다.

《벽암록》에는 이런 에피소드 100개가 빼곡하게 담겼다. 최종 편자 겸 저자 원오 선사의 해설과 그 전에 100개의 에피소드를 처음 모은 설두 선사의 함축적 시들이 함께 담긴 진귀한 책이다.

요즘 한국 불교의 정통을 이루는 간화선(看話禪)의 기본 경전으로 보면 된다. '간화'는 화두(話頭)를 바라본다는 뜻이다. 그런데 이렇게 중요한 책을 왜 최종 편자 겸 저자의 수제자가 불태웠을까? 대혜(大慧)

라는 이름의 그 제자는 간화선의 체계를 세운 인물로 추앙받는다.

원오와 대혜의 시대엔 간화선과 계통이 다른 묵조선(默照禪)이란 게 존재했다.

간화선은 화두를 붙잡는다.

묵조선은 침묵을 붙잡는다. 침묵을 붙잡는다는 건 화두를 배격한단 뜻이다. 훨씬 간단한 선의 방식이고, 간단한 만큼 더 강력한 깨달음의 도구가 될 수 있다.

대혜는 위기의식을 느꼈다. 자기 쪽 사람들이 간화선을 한다고 하면서 입만 나불거리는 경우를 너무나 많이 보았다. 사람들은 그런 무리를 두고 간화선 대신 '구두선(口頭禪)'을 한다고 비아냥댔다.

간화선이 묵조선에 먹힐지도 모른다는 위기의식을, 대혜는 갖게 된다. 그때 대혜가 구두선 유행의 주범으로 지목한 책이《벽암록》이다.《벽암록》에는 간화선의 걸출한 에피소드가 즐비하다. 수행자들은 화두를 붙잡고, 자신의 마음을 직관할 생각은 안 하고, 이 책만 달달 외웠다.

대혜는 결심했다. 차라리《벽암록》을 없애자! 그는 보이는《벽암록》을 모두 수거해 한데 모아 화형을 감행했다.

《벽암록》이 가까스로 부활한 것은 그로부터 150년이 지나서다. 화형을 모면한 판본이 몇 권 남았던 모양이다.

주역과 무관한 '벽암록 소각 사건'을 꺼낸 건 주역의 오용 때문이다. 《벽암록》이 간화선을 망쳤듯, 주역에 관한 요즘 해설의 상당수가 주역을 망치고 있다. 시대착오적이고 고답적인 해설이 주역으로부터 생기를 빼앗고 말았다. 사람들은 생기 잃은 주역을 암송한다. 번역도 틀리는 경우가 허다하다. 주역은 잘못 활용되고 있다. 《벽암록》의 사례를 소환한 건 그 때문이다.

머릿속 주역의 이미지부터 불태워야 한다. 시중에 유통되는 주역의 해설들도 상당수는 걸러내야 한다.

주역은 그래야 부활한다.

주역 공부를 본격적으로 이어가기 전에, 주역을 포함한 고전을 대하는 자세가 어떠해야 하는지 1,300년 전 한 절정 고수의 말을 빌려 얘기하고 싶다.

긴 세월이 흘렀지만, 붓다 이후 전개되어 온 불교의 흐름을 완전히 바꾸어놓은 인물로 평가된다. 가히 '마음의 지배자'로 불릴 만한 인물, 육조 혜능 이야기다. 선불교는 말을 세우지 않고(불립문자), 우리의 마음에 집중할 것(직지인심)을 권한다. 불교의 마음을 얘기하면서 빼놓을 수 없는 인물이 바로 혜능이다.

'육조(六祖)'는 여섯 번째 조사(스승)란 뜻인데, 말이 육조이지 사실상 선불교의 초조(初祖), 그러니까 첫째가는 스승이 혜능이다. 걸출한 인물의 일대기와 사유를 아우른 《육조단경》에 이런 말이 등장한다.

심미법화전(心迷法華轉)

심오전법화(心悟轉法華)

마음이 어지러우면(迷) 법화경에 굴리우고, 마음이 깨달으면(悟) 법화경을 굴린다…….

덧붙이지 않겠다.

명징한 열 글자에 말을 보태봐야 사족이라 생각한다. 그보다 비 내리는 한자의 풍경에서 시작한 주역 바깥의 이야기들을 떠올리면서 주역을 굴리자.

굴리우지 말고.

아홉째 날 ─────────

허황한 풍경 앞에서
숭고하게

소축·리·태·비

《초한지》는 라이벌, 대결, 영웅, 비애, 입지(立志)와 성취를 다룬 고전이다. 천하를 다투는 유방과 항우의 한판 싸움엔 드라마가 가득하다. 그중 압권은 항우가 사방(四面 사면)을 메운 고향 노래(楚歌 초가)에 묻힌 채, 전쟁에서 지고 연인과 헤어져야 하는 상황을 서글퍼하는 장면이다.

그때 항우의 탄식이 '역발산 기개세(力拔山 氣蓋世)'란 말로 시작한다. 산을 뽑을 힘과 세상을 덮을 기개……. 남들이 부러워하는 능력을 다 갖추고도 전쟁에서 패한 자신을 한탄한다. 항우뿐이겠나. 그런 일은 허다하다. 무력한 자신을 한탄하는 항우의 노래 앞에서 우리는 모두 슬프다.

삶의 비애는 잠시 제쳐두기로 하자. 대신 패배한 영웅의 거대한 상상력을 감상해 보자. 자신의 힘이 산을 뽑을 만하다고 항우는 말했다.

중국 곳곳에 솟아오른 거대한 산들, 곤륜산과 태산과 무당산과 항산을 와락 뽑는다는 것 아닌가.

허황하지만 그들이 보여주는 신비한 풍경은 현대인에게 숭고함을 일깨워준다. 문명이 길들여 놓은 우리의 왜소한 마음을 일격에 부순다. 동양화 화폭 안에선, 기기묘묘한 풍경에 압도당한 채 걸리버의 여행에 등장하는 소인처럼 작아진 인물들이 개미의 크기로 등장한다. 거대한 산과 역동적인 에너지로 가득한 풍경 앞에서 우리는 초라해진다. 겸손해진다. 압도당하고 숭고함을 느낀다.

그런데 주역에서도 그렇게 허황하고 숭고한 풍경을 만난다.

산을 뽑는 정도가 아니다. 주역은 하늘과 땅을 뒤엎는다.

8괘로 세상을 스케치하면서 주역은 "하늘과 땅은 제 위치를 지키고, 산과 호수는 기를 통하고……"라 했다.

아홉째 날 다룰 네 개의 괘 중 지천태(地天泰)는 천지창조 이래 요지부동인 하늘-땅의 위치를 전복한다. '천-지'와 '지-천'의 풍경을 함께 보여준다.

그런데 주역의 편집자는 그렇게 하늘-땅을 뒤집어 놓고도 무사태평이다. 지-천의 괘에 크고 넉넉하고 평안하고 자유롭다는 의미를 지닌 한자 '태(泰)'를 이름으로 선사한다.

거대한 상상과 웅장한 역설을 감상하기 전에, 멀리서 다가오는 먹구름의 군집을 만나야 한다.

9. 풍천소축; 비는 오지 않고

하늘이 파랗게 맑은데 저 멀리서 검은 소나기의 무리가 맑은 하늘을 점령하듯 뒤덮어 온다…….

이런 광경을 직접 보진 못했다. 박완서 선생의 소설《그 많던 싱아는 누가 다 먹었을까》를 통해 상상했다. 꼬마 시절의 작가는 개성의 어느 외곽 마을에 살았고, 어느 날 그 외곽의 외곽으로부터 몰려오는 먹구름 군단을 멍하니 바라보았다. 주역의 9번째 풍천소축(風天小畜) 괘에도 그런 장관이 등장한다.

서쪽 교외로부터 빽빽한 구름이 몰려오는데 비는 오지 않는다

'빽빽한데 비는 오지 않는' 상황을 그린 원문은 우리 일상에서도 곧잘 등장한다. '밀운불우(密雲不雨)'가 원문이다.

정국이 꼬일 때 사람들은 주역에 등장하는 이 문구를 인용한다. 현학적인 정치인들이 입에 올리고, 받아쓰는 데 능한 기자들은 그 말을 기사에 넣는다. 정치인도 기자도 그 말의 출처인 풍천소축에 대해선 알지 못할 게다.

'소축'은 축적한다는 뜻이다. 주역에는 '대축(大畜)'의 괘가 따로 있다. 그러니 작거나 적다는 의미의 '소'에 주목해야 하나 싶지만, 꼭 그럴 필요는 없다. 대축 괘는 소축 괘와 다른 맥락에 서 있다. '소축'을 굳이 "적게 축적한다"고 새길 필요는 없다. 그저 "쌓고 기르고 축적한다"는 정도로만 이해하면 된다.

밀운불우가 전하는 상황은 이중적이다.

비록 비를 뿌리지는 못하지만, 시원하게 쏟아지는 비를 기대할 수는 있는 상황이다. 수증기를 차곡차곡 쌓았으니 빽빽한 구름(밀운)이 생겼다. 그렇게 쌓았으니 기다리면 된다. 조만간 불꽃이 일 것이다. 어디선가 스파크가 일어나 빡빡하게 뭉친 수증기를 시원하게 한방에 터뜨릴 것이다. 비가 쏟아질 것이다.

사람의 일도 다르지 않다. 누구에게나 밀운불우의 상황이 닥친다. 무언가 이루어질 듯하면서도 정작 결실은 없다. 비에도 일에도 스파크가 필요하다. 하나 스파크는 사람의 몫이 아니다. 하늘이 해주든지 말든지 한다. 준비는 해야 한다.

그러니 하늘을 채운 먹구름과 되는 일 없는 사람이 지금 당장 해야 할 일은 수증기의 농도를 더 높이거나 역량을 더 쌓는 것이다. 넋 놓고 있는 대신 어느 순간 터질지 모를 스파크에 꽝, 터져줄 준비를 하면 된다.

전에도 말한 적 있다.

비는 오기는 온다.

10. 천택리; 호랑이 꼬리를 밟아도

 주역의 10번째 천택리(天澤履)는 사연이 많은 괘다. 괘의 이름인 '리(履)'엔 밟는다는 원초적이고 육감적인 뜻도 있지만, '과거'라는 추상적 의미도 있다.

우리가 밟아온 모든 길이 우리의 과거다. 때로는 우리가 밟아가야 할 길, 행로를 뜻하기도 한다. 이때 한자 '리'는 실행을 뜻하기도 한다.

천택리 괘가 들려주는 사연들을 천천히 음미해 보자.

살면서 이런 일 겪으면 안 되지만 만약, 산속에서 호랑이를 만났다 치자. 아니, 그보다 훨씬 위급한 일이 일어날 수도 있다. 무언가 발밑에 묵직한 게 꿈틀거려서 봤더니 그게 호랑이 꼬리다. 몇 분 아니 몇 초의 여유가 남았는지 알 수 없으나 도리없이 죽음을 예상해야 한다. 즉각적인 죽음보다 더 죽을 맛이다.

참 난감한 상황이다. 이제 어떤 일이 벌어질까. 주역은 뜻밖의 답변을 내놓는다.

호랑이 꼬리를 밟는다, 사람을 물지 않는다,

형통하다

호랑이를 건드렸으니 이런 위험한 상황이 없다. 그런데 치명적인 위해는 입지 않을 것이라 한다. 아니 형통할 거라 한다. 심각한 위기를 이겨내고 나면, 사람은 더 강해진다. 웬만한 위기 앞에서도 떨지 않게 된다. 호랑이 꼬리를 밟지 않기 위해 철저한 준비를 할 수도 있다. 장기적이고 최종적인 승리를 얻어낼 잠재력을 갖추게 된다. 그건 형통한 일이다.

그런데 주의할 게 있다. 사람을 물지 않는다는 점사에 안심한 나머지 긴장을 풀어선 안 된다. 천택리 괘는 다른 메시지를 함께 던진다.

호랑이 꼬리를 밟는다,

두려워하고 또 두려워해야 길하다

큰 위험을 벗어나려면, 두렵고 또 두려워해야 한다. 두려워한다는 것은 겸손해진다는 말이다. 몸을 낮추면 주위의 공기가 달라진다. 위기를 모면할 가능성이 생긴다.

천택리 괘가 전하는 또 다른 사연은 '은거'다. 조용히 숨어 사는 일의 필요성을 말한다. 역시 무언가 '밟는' 얘기인데, 호랑이 꼬리 얘기와는 분위기가 사뭇 다르다. 호랑이 꼬리를 밟고도 살아남는 이야기는 어쩌면 모험에 나선 이들의 얘기다. 거친 숲으로 무언가를 찾아 나서는 대담하고 호방한 인간형에 대한 스케치다. 천택리 괘는 전혀 다른 인물형을 제시한다.

밟는 길이 탄탄하다,
숨어 사는 사람의 길을 고집하면 길하다

탄탄대로를 걷게 될 거라는 예언이다. 그런데 그 전제로 '숨은 사람의 길'을 권한다. 은거하고 칩거해야 앞으로 밟는 길이 탄탄해질 것이라 말한다.

천택리의 사연을 볼 때마다 생각나는 얘기가 있다. 선(禪)의 황금시대라 불리는 당(唐)의 전성기를 살던 백장 선사 얘기다.

어떤 스님이 백장을 찾아와 물었다
"세상에서 가장 특별한 일이 무언가요?"
백장이 답했다
"내가 홀로 대웅산 봉우리에 앉아 있다는 사실이지."
스님이 절을 하자, 백장은 그를 후려쳤다

절하는 스님을 갑자기 후려치는 건, 독특한 수행 방법을 가진 선불교의 맥락에서 해석해야 할 일이니 여기서는 그 의미를 잠시 접어 두자.

세상에서 가장 특별한 일을 묻는데 외딴 봉우리에 혼자 앉아 있는 일을 답으로 제시한 선사의 의도만 살펴보자.

높은 산, 찬 바람 부는 봉우리에 홀로 앉아 있는 건 정말 특별한 일이다. 대화를 끊고, 만남을 끊고 홀로 지내는 것 자체가 머무는 장소에 관계 없이 예사로운 일이 아니다.

혼자 있어 본 사람은 안다. 아무 말 없이, 누구와도 대면하지 않은 채 지내는 게 얼마나 외로운 일인지를. 고통스럽고 때론 공포에 가까운 체험이다.

그러나 그렇게 혼자 있어 본 사람만이 안다. 절대 고독의 경험 없이, 복잡하게 얽힌 이 세상의 인연을 끊어낼 수 없다는 것을 말이다.

숨어 사는 일은 그게 한 경지에 이르는 순간 아주 특별한 무엇이 된다. 사람 없이 외딴 봉우리에서 강고해진 마음은, 부박한 속세로 다시 나아가도 흔들리지 않을 수 있게 해주는 강력한 무기가 된다.

그런데 숨어 살려면 독야청청(獨也靑靑)해선 안 된다. 자신의 색을 최대한 숨겨야 한다. 은거는 홀로 푸르른 게 아니라, 보호색으로 자신을 감추는 법을 배우는 일이다. 주위의 빛깔에 동화돼 자신을 잊는 것이다. 숨어 사는 일은 몰아, 망아, 탈아를 가능하게 해준다. 자신만의 색깔을 숨길 수 있다면, 굳이 숨어 살지 않아도 좋다.

천택리 괘의 마지막 사연은 회고에 관한 얘기다. 돌아보는 일의 쓸모와 숭고함에 대해 강조한다. 주역은 천택리 괘를 마무리하면서

'시리고상(視履考祥)'이라는, 해독하기 쉽지 않은 말을 건넨다.

'리(履)'는 밟아온 길, 지난 일이다. '상(祥)'이란 단어는 쉽지 않다. 상서로운 일, 복을 뜻하지만, 기미, 조짐이란 뜻도 갖는다. 시리고상을 풀면 이렇게 된다.

지난 일을 살피고, 현재의 조짐을 숙고한다

언젠가 "주역에 나오는 '시리고상'이야말로 천기누설의 방법"이라고 쓴 적이 있다. 어느 월간지에서 한 해의 마지막 호인 12월호의 원고를 청탁해 왔을 때다. 연말이 되면 사람들은 부쩍 미래 그리고 예측에 관해 궁금해한다.

그때 사주의 현란한 기법, 주역의 파란만장한 괘와 효의 스펙트럼도 알고 보면 모두 헛소리에 불과하다고, 조금은 강하게 얘기했다.

돌아보면 조금 과격했다 싶지만 틀린 얘기는 아니었다. 점사라고 하는 게 마음 약해진 사람들을 현혹하는 괜한 소리일 때가 많다. 미래를 포함해 세상에 관한 궁금증을 푸는 비급은 사실, 먼 데 있지 않다. 지난 일을 보살피고 다가올 일을 살피는 것, 그게 가장 정확한 천기누설의 방법이다. 시리고상만 잘해도 나와 너와 세상의 운명을 누설할 수 있다.

주역은 거기에 더해 큰 행운도 암시한다.

과거의 일들이 선회하면서 크게 길하다

과거를 돌아보는 일은, 과거를 매만지는 일이다. 지나간 일에서 새로운 의미를 발견하는 일이다. 회고라는 행위가 지금의 기미를 살피는 일과 결합하면 폭발력이 더해진다.

현재와 미래를 바꿀 무기는 다름 아닌 과거에 있다. 내가 밟아온 길 외에 '다른 나'가 존재할 수 있을까. 내가 지나온 길이 나다. 그 길을 면밀하게 살피는 건 온 생애를 점검하는 일이다.

그 결과는 삶의 선회다.

하지만 시리고상은 실천하기 쉽지 않다. 자신이 걸어온 길을 정말 솔직한 마음으로 반성한 적이 있는지, 지금 나를 둘러싼 조짐들에 민감한 관심을 가져본 적이 있는지 심각하게 생각해 보라.

11. 지천태; 하늘과 땅이 뒤집히니 평화가

이제 천지(天地)와 지천(地天)의 형상에 관해 얘기할 때가 됐다. 천지는 위에 하늘, 아래에 땅이 있는 풍경이다. 지천은 위로 땅, 아래로 하늘이 있는 상황이다. 이 간략한 정보만 가지고 상상을 한번 해보면 재미있겠다. 천지 O 괘와 지천 O 괘, 빈칸에는 어떤 이름이 들어가야 적당할까.

지천의 형상에 주역의 편집자들이 태(泰)란 이름을 붙인 건 이미 말했다. 천지의 형상에는 무슨 이름이 붙을까. 천지는 하늘이 위에, 땅이 아래에 있는 괘이니 무언가 정상적이고 긍정적인 뜻을 가질 듯하다. 그러나 주역의 편집자는 허를 찌른다.

주역은 지천태의 상황을 보여준 뒤, 바로 상황을 뒤집어 천지비(天地否) 괘의 풍경을 펼쳐 보여준다. '비(否)'는 막혔다는 뜻이다. 갈등, 봉쇄의 괘다. 태는 넉넉하고 평안하고 자유롭다는 뜻이다. 화합의 괘다. 그런데 하늘과 땅이 제자리에 있는 천지비의 괘는 도리어 지극히 답답한 상황을 알린다. 일상의 상식과는 정반대다.

그러나 주역이 탄생한 시대 상황을 염두에 두면, 지천태와 천지비의 역설을 이해하게 된다.

주역은 난세의 책이다.

신화적으로도, 실증적으로도 그렇다. 난세엔 정상이 비정상이고 비정상이 정상이다. 지금 있는 세상을 그대로 둬선 안 된다. 기존의 질서를 완전히 바꾸어야 한다. 그걸 변혁, 혁명이라 한다.

우리가 상상할 수 있는 가장 큰 변혁과 혁명이 하늘과 땅을 뒤엎는 일이다. 하늘과 땅이 지금처럼 그대로인 채 막혀 있으면 갈등이 풀리지 않는다(천지비). 땅이 위로, 하늘이 아래로 내려와야, 세상이 그렇게 확실히 바뀌어야 평안이 온다(지천태).

지천태 괘를 오래 들여다보고 있으면 "이것 또한 지나가리라"란 유행어가 떠오른다. 좋은 일이든, 나쁜 일이든 다 지나가리란 이 한마디를 하루의 일용할 양식으로 삼은 사람들이 많다. 인간에겐 말 한마디가 그렇게 값지다.

이 말은 유대인들 사이에 전해 내려오는 《미드라쉬》라는 책에 나오는 말이라 한다. 《미드라쉬》는 《탈무드》가 나온 뒤의 문헌인데, 방대한 책들을 한데 모아 부르는 《탈무드》의 하나로 봐도 큰 문제는 없겠다.

그런데 뭐든지 지나가는 걸로 끝이면 인생이 허무해지기도 한다. 지금의 기쁨도 고난도 다 지나가는 것이라면, 살기 편하긴 하지만 그 삶은 또 얼마나 공허할까. 지혜의 화신 솔로몬이 〈전도서〉에 쓴 대로 "헛되고 헛되며 헛되고 헛되니, 모든 것이 헛되다!"

그러나 지나갔다고 다 끝은 아니라고, 삶이 그저 헛된 것은 아니라고 주역은 지천태 괘를 통해 말한다.

가서 돌아오지 않는 것은 없다

한자로는 간략하게 '무왕불복(無往不復)'이라 쓴다. 무왕불복은 3,000년 전 솔로몬의 지혜에 대한 반론이자 보충이다. 지나갔다고 끝은 아니다. 지금의 행복도 불행도 다 지나가지만, 그래서 심하게 기뻐할 필요도 좌절할 필요도 없지만, 그렇다고 일이 끝난 건 아니란 얘기다. 그렇게 떠나간 행복도 불행도 다시 나를 찾아온다. 형태야 물론 다를 것이다. 세상일은 비슷하긴 해도 똑같지는 않다.

무왕불복은 어쩌면 지겨운 얘기일 수 있다. 좋은 일이야 다시 찾아오면 더할 나위 없이 좋지만, 불행한 일도 또 찾아오는 거라니……. 그런데 한발 물러서서 유대인들의 지혜와 주역의 지혜를 견주어 보면 문제가 그리 간단치가 않다.

"이것 또한 지나가리라"에는 직선적인 시간관이 깔려 있다. 시간은 그리스 신화의 크로노스처럼 모든 걸 삼키며 앞으로만 나아간다. 행복도 불행도 다 잡아먹고 제 갈 길을 간다. 그러다 이 세상에 종말이 찾아온다.

"가서 돌아오지 않는 것은 없다"에는 순환적인 시간관이 깔려 있다. 세상은 앞으로만 달려가는 게 아니라, 과거를 끊임없이 다시 불러들이며 천천히 걸어가는 방식을 택한다. 그 속에서 과거와 현재와 미래 모두를 자기 것으로 만드는 것, 그것이 주역의 방식이다. 그게 훨씬 성숙한 방식이라고 생각한다.

이런 생각들도 지나가려나. 잊히려나.

하지만 그게 무엇이든, 지나갔다고 방심하지 말아야 한다.

하늘과 땅이 뒤바뀐 지천태 괘에 등장하는 메시지가 독특하다. 혁명과 변혁을 기다리는 난세엔 지도자가 중요하다. 지천태 괘가 제시하는 지도자상이 대단히 강렬하다.

> 황량함을 품고, 맨몸으로 황하를 건넌다, 멀리 있는 것을 버리지 않고, 가까운 것을 잊는다

난세를 바꿀 사람은 이래야 한다. 저 멀리 황량한 변방에 버려진 것들을 보살필 줄 알아야 한다. 그들을 만나기 위해서라면 오래된 흙탕물로 누런 황하를 맨몸으로 건너는 일도 마다하지 않아야 한다. 내 주위를 둘러싼 친숙한 것들을 단번에 잊어야 한다. 하늘과 땅을 뒤엎어 평안을 얻으려는 자라면 갖추어야 할 최소한의 덕목이다. 소중한 것들은 멀리 있다.

12. 천지비; 수치를 품고

지천태 괘는 "황량함을 품으라(包荒 포황)"고 했다. 주역의 편집자는 지천태와 짝을 이루는 천지비 괘에서 그렇게 짧지만 강력한 또 하나의 처세를 제안한다.

수치를 품는다

나를 수치스럽게 한 내 자신의 실수를, 잊으려 하지 말고 숨기려 하지 말고, 속으로 품어 깊이 삭히라 한다. 주역은 '포수(包羞)'의 실천으로 증오와 갈등에 엮여 꼼짝할 수 없는 천지비의 상황을 타개할 수 있다고 믿는 것 같다.

부끄러움을 농후하게 발효시켜, 나를 창피하게 만든 과오를, 나를 어루만지는 약이 될 때까지 삭히고 또 삭힌다……. 이게 천지비 괘가 알려주는 난세 극복의 길이다. 막힘과 교착의 괘가 제시하는 현상 타파의 무기다.

궁지에 몰린 상태에서 사람들은 불안해하고, 왜소해진 자기 모습을 부끄러워한다. 그런 부끄러움을 숨기는 대신 끌어안고 품어서 화학적으로 분해할 때, 이전에는 가져보지 못한 능력을 갖게 된다. 그 폭발력은 대단해서, 세상을 송두리째 바꾸기도 한다. 어쩌면 그게 천지비→지천태, 막힘(비)에서 평안(태)으로의 이행이다.

그러나 힘든 일이다.

언제나 부끄러움을 품지 못하고, 어딘가에 숨겼다. 부끄러움을 어쩌지 못해, 나 자신이 골방에 숨곤 했다. 부끄러움을 인정하고, 부끄러움의 양상을 꼼꼼히 따져보려는 결심이 반전의 원리란 사실을 이제는 알지만, 그때는 몰랐다.

지하철역 스크린도어에 새겨진 어느 시민의 시에서 값진 말을 발견한 적이 있다. 한 무명의 시인이 돌아간 아버지의 말을 전한다며 이렇게 썼다.

아픔을 견디면 단풍처럼 물든다

아픔과 부끄러움을 품는 일은 힘겹지만, 우리 삶에 커다란 변화를 부른다.

열째 날

별자리 뒤에
감춰진 비밀

동인·대유·겸·예

젊은 시절 사표를 여러 번 냈다. 위태로웠지만 그때마다 직장 생활은 용케 이어졌다. 지나고 보니 그게 모두 주위의 선후배, 친구 덕이었다. 직장을 나오게 되면 어김없이 누군가가 "OO에게 연락 한번 해봐", "OO가 어디로 갔다던데 같이 일할 사람 찾는다고 하더라"는 언질을 줬고, 그 말들에 의지해 새로운 인연을 만났다.

그런 걸 흔히들 '네트워킹'이라 하지만, 나는 이직의 경험을 통해 네트워킹을 훨씬 뛰어넘는 경험을 했다. 서로 멀리 떨어져 홀로 존재하는 듯한 별들이, 어떤 신비로운 힘으로 연결되고, 연결되는 그 순간 아름다운 모양의 별자리를 만들며 환해지는 것을 여러 번 봤다.

내게 귀띔을 해준 지인도, 귀띔을 통해 새롭게 만나게 된 사람들 하나하나 모두 별이다. 별들은 만남을 통해 별자리를 만들고, 별자리가 만들어지는 그 순간 환한 빛을 낸다.

외로운 현대인들을 섬에 비유하는 얘기를 들은 적이 있다. 하지만 나는 그들이 섬이라기보다 별이라고 생각한다. 혼자 외롭게 반짝이는 듯하지만, 때가 되면 옆에 있는 별자리들과 빛을 교환하며 아름다운 형상을 밤하늘에 만들어낸다. 별자리는 어느 순간 사라지겠지만, 우리가 지독한 외로움으로 빛을 잃어갈 때 또다시 이어진다. 별을 별자리로 만들어주는 모종의 힘이 있다.

벌써 주역의 13번째 괘를 만날 시간이다. 세상 사람들의 합종연횡을 담은 괘다.

13. 천화동인; 혼자 할 수 있는 일은 많지 않다

언젠가 르네상스의 지식인 에라스무스(1466~1536)에 관한 얘기를 듣고 큰 매력을 느꼈던 적이 있다. 누군가 당대 최고의 지식인이었던 에라스무스를 급하게 자기 진영으로 끌어들여야 했던 모양이다.

"에라스무스는 누구 편이라고 하던가요?"
"그는 어느 편에도 속하지 않아요. 자기 입장만을 대변하죠."

이 대화는 에라스무스라는 인물이 어느 쪽에도 빚을 지지 않고 자신만의 독창적인 사상을 만들어낸 사연을 상징적으로 보여준다. 그 취지와 무관하게, 살면서 어느 편에도 속하지 않는 그의 기질에 열광하던 시절이 있었다.

군중, 대중에 휩쓸리지 않고, 자신만의 방식으로 자신의 삶을 개척하는 사람들이 멋있어 보였다. 아웃사이더, 외톨이, 반항적 인간 따위의 말들에서 큰 매력을 느꼈다.

하지만 이런 '솔로 지향'은, 지나고 보니 상당 부분 치기였다. 나 혼자 이룬 일은 정말 하나도 없었다. 보이든 보이지 않든 주위 사람들의 조력이 없었다면, 정말 아무 일도 해내지 못했을 것이다.

지천태와 천지비 괘를 통해 난세를 뒤엎을 거사(擧事)의 필요성을 역설한 주역은 직후, 천화동인(天火同人) 괘를 내놓는다. 저 높은 하늘(천)을 지향하며 불(화)이 치솟고 있다. 하늘을 향해 서서히 오르고 있는 태양을 마음속에 그려볼 수도 있다. 세상을 변혁하려는 누군가가 가늠할 수 없는 만큼 거대한 야심을 마음속에 품은 상황이다.

그렇게 큰마음을 먹은 뒤에 해야 할 일이 무얼까.

주역은 "사람을 모으라" 조언한다. '동인'은 뜻을 같이하는 사람을 모으라는 메시지다. 천화동인은 조직의 괘다. 큰일을 해내기로 마음먹었으면 무엇보다 먼저 뜻을 같이하는 동료들을 규합하고 결집해야 한다. 혁명이든 쿠데타든 혼자서는 못한다. 혼자서 미래의 청사진만 계속 그리고 있으면, 계속 그림만 그리다 말게 된다.

어떻게 해야 '내 사람'을 만들 수 있을까. 천화동인은 두 가지 방안을 제시한다.

광야에서 사람들을 모은다
큰 내를 건너면 이롭다

내 주위에 있는 사람들은 아무래도 나와 비슷한 사람들이다. 순혈로 이뤄진 조직의 힘은 생각보다 강하지 않다. 서로 다른 부류의 사람들이 만날 때, 두 부류의 충돌과 융합 사이에서 뜻하지 않은 에너지가 만들어진다. 자신이 가본 적 없는 곳, 거친 광야에는 우리가 상상하지 못할 일들이 벌어지고 있다. 우리가 상상하지 못할 능력을 지닌 사람들이 존재한다.

그리고 큰 강을 건넌다. '이섭대천(利涉大川)'이란 표현은 주역에 자주 등장한다. 광야가 문명으로부터 버려져 거친 공간, 안온한 삶을 버린 사람들이 찬바람 맞으며 미래를 구상하는 변방이라면, 큰 강은 그마저도 벗어나게 해주는 경계다. 끝인 동시에 시작이다. 용기를 내 넘어서기만 하면 지금 살던 세계와는 전혀 다른 세상이 펼쳐진다.

광야와 큰 강을 두려워하지 않아야, 진짜 멋진 사람들을 만나고 사귄다. 서로 다른 스타일의 사람들이 모여야 변화가 생긴다. 혼자서 할 수 있는 일은 별로 없다.

깜깜한 밤, 하늘을 한번 올려다보라. 오랫동안 쳐다보고 있으면, 처음엔 무질서하기만 하던 별들이 이리저리 합종연횡하면서 별자리를 만들어낸다. 별 하나하나만으론 안 된다. 여럿이 모여야 한다. 의미 있는 일을 성사시키려면, 규합이 먼저다.

14. 화천대유; 하늘이 돕는다

동지를 모은 뒤, 횃불은 하늘로 더 높이 치솟는다. 거대한 산들을 뽑아내고 하늘과 땅을 뒤집을 기세로 불길을 뿜는다. 그리고 끝내 세상을 바꾼다. 주역은 천화동인의 마음으로 결집한 동지들과 함께 해 만들어낸 결과물을 화천대유(火天大有)라는 네 글자로 표상한다. 주역 64괘 중에서도 웅장하기로 이름난 괘다.

주역의 14번째 괘다.

하늘 위에 강렬한 태양이 떠 제자리를 지키고 있다. 강력한 열기가 세상을 덮은 형국을 묘사한다.

'대유'는 고대 중국 문헌에서 대풍년(大豊年)이다. 중국인들은 풍년을 유년(有年)으로, 대풍년을 대유년으로 기록했다. 하지만 대유의 '유'를 풍년에 한정시킬 건 아니라고 생각한다.

유(有)와 무(無)의 추상성을 대립시키는 편이 화천대유의 거대함을 보여주는 취지에 더 부합한다. 구체성을 배제한 대유가 상상하게 해주는 상황이 따로 있다. 광활한 땅에 황금빛 알곡의 물결이 이는 풍년 정도와는 또 다른 차원의 상상을 하게 한다. 신의 창조에 맞먹는 인간의 창조를 떠올리게 한다. 무에서 유를 만들어 내는 창조 말이다.

화천대유 괘는 아울러 하늘의 도움을 명확히 언급한다. 인상적이다. 인간의 노력이 아무리 집요하고 대단해도, 하늘이 돕지 않으면 세상을 바꿀 정도의 일은 일어나지 않는다.

하늘이 그를 돕는다,
길하고 또 이롭지 않은 일이 없다

주역은 자연의 이런저런 정황을 정확히 포착해 형상화한다. 하늘 위로 태양이 우뚝 솟아 이글거리는 모습을 표현한 화천대유도 그중 백미로 꼽힐 만하다.

화천대유를 관조하면서 그리스 신화의 아폴론을 생각할 때가 있다. 아폴론은 빛의 신이고, 태양의 신이다. 서양화가들이 그린 아폴론 그림을 보면, 머리 뒤로 후광이 이글거린다. 태양 빛이 환하게 빛난다. 아폴론은 머리를 감싼 상서로운 빛을 세상에 쫘 예지력을 발휘하기도 했다. 지적인 존재, 창의력, 문명을 상징하기도 한다.

화천대유의 괘도 다르지 않다. 아폴론의 다양한 상징을 괘와 효로 품는다. 화천대유의 괘를 받으면, 한동안 걱정할 일이 없다.

15. 지산겸; 자아를 허문다

 첫 번째 괘 중천건에서 주역의 편집자들은 비룡재천(하늘 위 용) 직후에 항룡유회(너무 높이 올라가 후회하는 용)를 배치하며 오만과 과신을 경계했다. 중천건 괘뿐 아니다. 주역은 경계의 메시지로 가득한 텍스트의 공간이다.

주역은 64괘의 체계 안에서 으뜸일, 그래서 중천건 괘로 치면 비룡재천에 해당할 화천대유를 제시하자마자 분위기를 확 끌어내린다. 겸손의 괘를 배치했다. 15번째로 지산겸(地山謙) 괘가 등장한다. 산이 땅까지 몸을 숙인 형상이다.

세상 사람 중 진정으로 무언가 내세울 자격 있는 사람이 얼마나 되나. 몇 가지 장점이 있어도, 내가 가진 다른 수많은 흠결을 생각하면 차마 내세우지 못한다. 창피해서, 아찔해서 앞에 나서지 못한다.

우리는 모두 필부필부다. 지산겸 괘는 모든 사람이 숙지해야 할 도리를 자연의 형상을 빌어 알린다.

편평한 땅에 산이 솟아 있는 모습을 보여준 뒤, 그 산을 허물어 내리는 게 지산겸 괘다. 잠깐 높이 솟았다고 자랑 말고, 자신을 덜어내란 것이다. 덜어내고 나누어서 저 아래로 굽어보던 땅과 같은 높이가 되라는 게 지산겸 괘의 충고다.

지산겸 괘가 반복적으로 내보내는 메시지도 그에 부합한다. 이미 높은 위치에 오른 사람들의 겸양을 얘기한다. 겸양의 기본적인 속성을 동어반복한다.

이름을 알린 후에도 겸손하다

'명겸(鳴謙)'이란 짧은 단어의 울림이 크다. '명(鳴)'에는 운다는 뜻도 있지만, 이름을 알린다는 뜻도 있다. 출세해서 유명해진단 말이다. 명겸은 그래서 이름을 알린 후의 겸손이다. 그게 얼마나 어려운 일인지, 주위를 한번 둘러보는 것만으로 알 수 있다. 주역은 그러나 집요하게 이름을 알린 후의 겸손을 주문한다.

16. 뇌지예; 시작하는 즐거움

한겨울의 지상엔 에너지가 없다. 황량하고 쓸쓸하다. 세상은 헐벗고 춥다. 그러나 에너지가 사라진 건 아니다. 지상의 공간을 채우던 에너지는 사라진 게 아니라 지하로 잠시 들어가 쉬고 있다는 게 동양적 사유다. 겨우내 잠복한 에너지는 봄이 되면 동면에서 깨어난다. 땅속에 응축해 있던 에너지는 봄이 되면 폭발한다.

주역의 16번째 뇌지예(雷地豫) 괘가 그리는 상황이다. 땅 위로 쏟아져 나온 에너지가 지상을 채우고 있는 형국이다. 벼락처럼 강력한 에너지다.

잠복했다가 지상으로 쏟아져 나온 에너지는, 처음엔 슬며시 땅을 녹이고, 그다음엔 잠자던 개구리를 깨운다. 봄비도 부른다. 그리고 마침내 역동하는 자신의 기운을 불어넣어 세상의 모든 나무와 꽃들을 치솟고 또 피어오르게 한다. 잠자던 대지에 생명력을 불어넣는다.

뇌지예는 즐거움과 희열의 괘다. 주역의 편집자는 "풍악을 울리고 잔치를 열라"고 말한다.

그러나 즐거움은 절정에 있지 않고, 절정을 기다리는 데 있다. 완성의 순간을 저 멀리에 두고 첫발을 뗄 때만큼 희열을 가져다주는 순간은 없다. 그런 의미에서 뇌지예의 괘는 예리하고 예민하다. '예'라는 한자는 '미리'를 함축한다.

뇌지예 괘는 앞선 지산겸과 짝을 이룬다. 그 흔적이 '명예(鳴豫)'라는 메시지다. 지산겸이 명겸을 내세워 이름을 알린 후의 겸손을 얘기했다면, 뇌지예는 '명예'란 용어를 앞세워 '드러내놓고 즐거워하는 일'의 위험성을 경고한다.

소리 내어 즐거워하면 흉하다

 기쁨과 희열은 은밀하게 음미하는 편이 여러모로 좋다는 사실을 많은 이들이 안다. 첫발을 뗄 때 얻는 즐거움이라면, 더 조심스러워야 한다.

 혼자 즐겨야 깊이 즐긴다.

3부

바람으로 세상을 떠돌지라도

열한째 날

아름답기를
쓸모없기를

수·고·임·관

산을 오를 때는 보지 못하는 꽃을 내려올 때 본다. 바위 뒤에 숨어 있어 보이지 않았던 걸까. 정상(頂上)을 욕망하는 마음은 보지 못하는 것을, 욕망이 사라진 마음은 본다. 꽃은 스스로 사라지고, 스스로 나타난다.

주역의 17번째 괘 택뢰수(澤雷隨)가 내게 그랬다. 강퍅한 맘으로 주역을 들여다볼 땐 보이지 않던 문장 하나가, 허허로운 마음에는 나타나 나를 황홀하게 해주었다. 마음을 찔렀다.

프랑스의 기호학자 롤랑 바르트(1915~1980)는 사진 감상의 묘미를 설명하면서 '풍크툼(punctum)'이란 라틴어를 들고나왔다. 풍크툼은 찌름, 찔린 상처란 뜻이다. 누구에게나 보이는 풍경이 아닌, 내게만 보이는 풍경 속 비경이다.

그렇게 내 마음을 매섭게 찌른, 그러나 한동안 알아보지 못한 문장이 있었다.

17. 택뢰수; 마키아벨리의 마음

 택뢰수(澤雷隨)는 현실적인 괘다. 16번째 뇌지예 괘에선 강력한 에너지(雷)가 이제 막 지상으로 풀려나와 세상에 봄기운을 흩뿌리려 했다. 반면, 택뢰수 괘에서는 그 에너지가 무슨 이유에서인지 다시 커다란 호수 밑으로 숨어들었다. 그 에너지는 물밑에서 자신의 나중 행로를 탐색 중이다. '수(隨)'는 무언가를, 누군가를 따른다는 뜻이다. 택뢰수는 추종의 괘다.

주역은 난세의 책이다. 적대적인 현실을 타개할 방법을 단언의 형태로 제시한다. 그 현실은 너무나 척박하여, 때로는 죽음을 불사해야 할 정도다. 그래서 메시지들은 실용적이고 절박하다. 어떨 때 주역은 근세 유럽의 철저한 현실주의 정치이론가 마키아벨리(1469~1527)의 《군주론》을 떠올리게도 한다.

그러나 '공자'로 상징되는 유학자의 무리들은 점사들의 첨예한 현실론을 의리와 도덕의 경구로 포위하듯 감쌌다. 그러나 낭중지추(囊中之錐)다. 날 선 송곳은 숨겨 두어도 주머니를 뚫는다.

택뢰수 괘에도 유학자들의 '포장'을 뚫어내는 현실적 메시지가 등장한다.

**장부와 인연을 맺고 소인을 버린다,
따르면 얻는 것이 있다**

고위급 유력인사(장부)와 관계를 맺기 위해 아랫사람을 버리라고 조언한다. 동료와의 사사로운 정(情) 따위 끊으란 얘기다. 권력자를 추종하라는 지침이다.

매정하다. 그러나 인간적인 정을 내세워선 난세를 전복하지 못한다. 자신이 고꾸라진다.

주역은 현실론이다. 유학자들의 군자연(君子然) 포장에 도취해서는, 주역의 본질을 놓치게 된다. '따른다'는 괘의 이름을 중심으로 배열된, 야박할 정도의 현실론이 택뢰수를 포함한 주역의 본모습이다. 하지만 그렇게 살벌한 현실론 사이에, 주역의 편집자는 아주 묘한 한마디를 숨겨뒀다.

아름다움을 믿으면 길하다

척박한 현실에 던지는 냉혹한 처세의 괘가 어느 순간 '아름다움(嘉가)'을 얘기한다. 아름다움을 믿으면 행복할 것이란 메시지(孚于嘉吉

부우가길)를 던진다.

주역의 속내를 짐작하긴 어렵다. 따른다는 뜻의 '수'와 믿는다는 뜻의 '부'를 같은 부류로 보아, 두 한자가 들어간 점사를 택뢰수 괘 아래에 일부러 모아두었을지 모른다. 정확히는 알 수 없다.

하지만 쓸모없는 것에 대한 믿음, 아름다움에 대한 의탁을 얘기하는 택뢰수의 이 한마디는 주역 전체에 스민 현실론을 잠시나마 뒤집는다. 예상치 못한 청량감을 건넨다. 주역을 한참 맛보고도 알지 못했던 상쾌함이다. 오를 때는 보지 못했으나, 내려올 때는 너무나도 강렬하게 다가왔던 붉은 꽃 한 송이처럼 느껴진다.

주역의 텍스트와는 무관하지만, 추종의 본질을 대단히 극적인 방식으로 담은 역사적 문구를 소개한다. 따른다는 말을 볼 때마다 떠오르는 문장이다.

나를 따르려거든 자기를 부인하고 자신의 십자가를 진 채……

그리스도교의 신약에 등장하는 예수의 말이다. 누군가를 진정으로 따르는 일은 자신을 망각하는 일이다. 자기부정이야말로 진정한 추종의 전제다. 내줄 땐 다 내줘야 한다. 아름다움에 대한 믿음이 아마 그런 경지일 것이다.

18. 산풍고; 열풍이 몰려온다

 산풍고(山風蠱) 괘는 바람이 산을 따르는 형상이다. 산 정상을 향해 바람이 불어 올라간다. 그런데 그냥 바람이 아니다. 열풍(熱風)이다. 무언가에 시달리는, 누군가를 힘겹게 할 바람이다. 감염의 기운을 품은 바람이다.

한자 '고(蠱)'의 생김새를 뜯어보자. 그릇(皿 명) 위로 벌레(蟲 충)들이 창궐한다. 좋을 일이 없다. 한자 '고'는 온갖 나쁜 뜻을 다 갖는다. 무당들이 하는 '굿'으로 뜻을 풀기도 한다.

산풍고의 괘에선, 온갖 심란한 문제를 제기하는 효사와 느긋하기만 한 괘사가 크게 어긋나 있다. 괘사는 "크게 형통하다"고 운을 뗀다. 그러고는 '이섭대천'과 함께, 어떤 경전에서도 듣도 보도 못한 주문(呪文)을 처방으로 제시한다.

선갑삼일 후갑삼일(先甲三日 後甲三日)

이섭대천은 큰 강을 건너는 게 유리하다는 처방이다. 주역의 감초에 해당하는 관형구다. 사태에 매달리는 대신 시야를 아예 딴 곳으로 돌려야 일이 풀리는 경우가 많다. 산기슭으로 오염된 바람이 들이닥치는 산-풍의 괘상을 고려할 때, 큰 강을 건너 산으로부터 탈출하라는 조언은 적절해 보인다.

'선갑삼일 후갑삼일'의 처방은 무얼까. 주도면밀하란 요구다. 갑은 '갑을병정무기경신임계' 천간의 갑이다. 만사의 시작을 뜻한다. 그러니 시작하기 전 사흘, 시작한 뒤의 사흘을 조심하라는 경고다. 시작하기 전에도 챙기고, 지나서도 챙겨야 겨우 재앙을 모면한다. 평범한 이들은 준비는 하되 퇴고에는 게으르다. 전후로 삼가는 일은 흔한 미덕이 아니다.

시작 직후의 사흘이야말로 잘못된 시작을 바로잡을 수 있는 마지막 시간이다. '이섭대천'과 '선갑삼일 후갑삼일'은 심란한 문제들에 대한 주역의 부적이다.

19. 지택림; 독실한 마음으로

제왕들은 늘 하늘에서 내려왔다. 신이 사람의 몸을 얻어 왕으로 환생한 존재였다. 신의 강림은 고대의 어느 지역에서든 나타난 현상이다.

제왕들은 어머니의 몸에서 나지 않고 하늘에서 떨어졌으니 천손(天孫), 곧 하늘의 자식이었다. 중국에서도 나라의 문을 열어젖힌 황제들은 천자의 아들들이었다.

주역엔 은·주 교체기의 역사가 숨 쉰다. 은의 박해를 받으며 주의 토대를 마련한 문왕과, 끝내 은을 물리치고 주를 대륙의 중심으로 세운 무왕의 고사들이 축약된 형태로나마 자주 등장한다.

주역은 그러니 새로운 황제를 기다리는 텍스트다. 주역의 저변을 흐르는 메시지 중 하나가 바로 황제의 강림이다.

고대 중국 버전의 "낮은 데로 임하소서!"가 주역의 19번째 지택림(地澤臨) 괘다. 임 괘에는 갖은 박해와 난관 속에서 새로운 왕조의 창시를 갈망하는 문왕, 그리고 그의 아들 무왕의 심려와 기대가 스며 있다.

이 괘에서 점사의 내용은 "어떻게 임할 것인가"이다. 대개 다섯 종류 또는 다섯 단계의 방법이 제시된다.

임한다는 말엔 낮은 곳으로 내려온다는 뜻 외에 어떤 일에 직면하고 착수한단 뜻도 있다. 그래서 지택림 괘는 하늘에서 내려오는 황제의 일에만 국한되지 않는다. 보통 사람들도 눈여겨 보아두면 좋다.

함림(咸臨), 함께 느끼며 임한다

감림(甘臨), 즐겁게 임한다

지림(至臨), 지극한 마음으로 임한다

지림(智臨), 지혜롭게 임한다

돈림(敦臨), 독실하게 임한다

이 중에서 어딘가에 '임하는' 최고의 단계는 '돈림'이라고 생각한다. 더불어 일하고(함림), 즐겁게 일하고(감림), 최선을 다하고(지림), 지혜롭게 일하는 것(지림) 모두 중요하다.

그러나 그것이 무엇이든 독실하고 간절한 마음으로 임한다면(돈림) 성공·실패와 관계없이 회한은 없다.

20. 풍지관; 바라볼 뿐

연꽃 만나러 가는 바람 아니라,
연꽃 만나고 가는 바람

미당 서정주(1915~2000)는 이런 절창을 남겼다. 동서와 고금을 털어 희귀한 '바람론(論)'에 감탄해, 일본의 하이쿠 시인 하나가 만사 제쳐두고 우리 땅으로 달려온 적이 있다. 바다 건너, 대륙의 끄트머리엔 도대체 어떤 바람이 불고 있단 말인가…….

배 위의 하이쿠 시인은 파도를 일으키는 바닷바람을 맞으며 골똘히 생각했다. 그렇게 반도에 도착한 그는 미당의 시를 숙성시켰던 남도의 땅에서 어떤 바람을 보았을까.

주역의 바람은 연꽃만을 연모하지 않는다. 연꽃을 만나러 가면서 또 만나고 오면서, 바람은 들과 숲에 널린 수많은 존재들을 눈길로 보듣는다. 세상에 대한 무한정의 연민으로 무장한 채, 끝없이 펼쳐진 땅을 구석구석 훑어가는 바람이 주역의 바람이다.

그런 바람의 모습을, 주역은 20번째 풍지관(風地觀) 괘로 그린다. 땅 위로 바람 한 줄기 스쳐간다. 우주의 연꽃들이 일제히 고개 든다.

이처럼 땅 위로 바람이 불어가는 모습을 볼 때 한 나라의 통치자는 민심을 살펴야 한다고 주역은 권한다. 주역 텍스트 곳곳의 도덕과 정치 과잉에 가급적 눈길을 주지 않으려 하지만, 그래도 잔잔한 바람처럼 사람들의 마음을 살피고 어루만져 주는 정치인들이 있었으면 하고 가끔은 바란다.

하지만 제대로 살피고 어루만지는 건 쉽지 않다.

'관'은 보는 것이지만, 동시에 듣는 것이기도 하다. 관세음(觀世音)이란 말은 절묘하다. 제대로 보는(觀) 것은 세상의 소리(世音)를 경청하는 일이다. 제대로 된 '관(觀)'은 눈으로만 보지 않는다. 관조하고 성찰한다.

그런데 주역은 여기에 새로운 '관'을 끌어들여, 관조하고 성찰하는 일에 신성을 부여한다.

손은 씻었다, 제사는 아직 올리지 않았다

'관이불천(盥而不薦)'을 풀었다. 손은 씻었으나(盥) 제사는 아직(不

薦)이라는 의미다. 의식을 시작하기 전 정갈하게 손을 씻고 있는 모습을 상상해 보라. 그건 신성하게 자신을 가다듬는 일이다. 관조와 성찰은 연후에 가능하다.

그래서일까? 효사에 두 번이나 등장하는 관아생(觀我生)도 보는 이를 긴장시킨다.

자신의 삶을 들여다본다

진실로 보는 것은 주변이나 남을 보는 게 아니라, 바로 자신의 존재(我生)를 들여다보는 일이다. 이 세상의 삼라만상을 만난 후에 궁극적으로 돌아보는 건 바로 자기 자신일 수밖에 없다.

길고 긴 여정 끝에 자신에게 귀환하는 19세기 철학자 헤겔의 절대정신처럼, 또는 이역만리 진흙밭에서 연꽃 만나고 다시 돌아오는 바람처럼.

열두째 날

무너지리라
무탈하리라

서합·비·박·복

작은 불씨 얘기를 기억하실까. 셋째 날('흔들린다, 무너지지 않는다') 꺼냈던 얘기다. 음과 양의 가녀린 '불씨'들이 서로 의지하고 충돌하며 굴러가는 64괘를 설명하는 자리였다. 음과 양의 작은 불씨들은 꺼질 듯 다시 소생하고, 음은 양으로 양은 음으로 서로 모습을 바꾸기도 하며 새로운 상황을 만들어 낸다.

열두째 날, 그 이야기들을 촉발했던 괘들을 만난다. 주역이 무엇인지 설명하기 위해 소환했던 개인적 체험들은 물론 주역의 64괘가 촉발한 것들이다. 주역에 관해 가장 잘 알려주는 건 주역이다.

21. 화뢰서합; 직설적으로, 구체적으로

주역 특유의 문체를 하나의 상징처럼 알려주는 괘가 21번째 화뢰서

 합(火雷噬嗑)이다. 화뢰서합 괘는 대낮의 태양과 심야의 번개가 세상을 부술 듯 한꺼번에 몰아치는 모습을 펼쳐 보인다. 강하고 웅장하다. 그리고 직설적이고 구체적이다. 숨김 없고, 남김 없다.

화뢰서합의 메시지들은 장쾌한 자연의 힘을 세속의 상황으로 끌어들여 새롭게 해석한다. 세상을 몰아치듯 달려들던 하늘의 힘은 지상으로 내려와 물어뜯고 씹는 에너지로 변한다. '서합(噬嗑)'이 그런 뜻이다. 불과 우레의 강력한 힘이 고난에 처한 인간에게 주어진다. 생존을 위한 에너지가 된다.

아마도 전쟁의 상황인 듯하다. 화뢰서합의 주인공은 장기전으로 돌입한 전쟁을 마른고기(육포) 하나로 견딘다. 그렇게 죽을 맛의 전쟁을 마른고기로 이겨내는 중인데, 돌발 상황이 벌어진다. 화뢰서합의 점사는 세 가지 사건을 보여준다.

마른고기를 씹다가 독(毒)을 만난다

마른고기를 씹다가 화살을 만난다

마른고기를 씹다가 황금을 만난다

전쟁은 무섭다. 적의 공격(독)은 일상이다. 수시로 쫓기고 죽을 고비를 넘기지만 다시 힘(화살)을 모아 싸우기 시작한다. 그러다 승리하면 막대한 전리품(황금)을 얻는다.

이 점사들은 2,000~3,000년 전 전쟁의 상황에서 전황을 성공적으로 예측한 덕분에 살아남은 텍스트들일 것이다.

독과 화살과 황금은 단순하고 명쾌한, 전쟁 전후의 상징들이다. 사라진 상징은 더 많을 것이다. 제대로 예측하지 못해 버려지는 점괘들이 훨씬 많다.

예측의 성공 여부를 떠나 눈에 들어오는 게 마른고기와 독, 화살, 황금의 나열로 만들어 낸 문장들이다. 직설적이고 구체적인 '역경(易經)'의 문장들은, '역전(易傳)'의 추상적 명령들에 실린 권위를 훌쩍 넘어선다. 상황을 제대로 알리려면, 그 상황을 후벼 판 후에 직설적으로 보여줘야 한다.

주역을 의리의 책(마음 수양)인 동시에 상수의 책(점)으로 보는 게 주희 이래 압도적 전통이다. 하지만 그 전통은 주역 특유의 솔직함을 자꾸만 가린다. 주역에 고리타분한 인상을 안긴 것도 대부분 주역에 엄숙한 화장(化粧)을 강요한 유학자들의 책임이다.

고리타분하지 않으려면 직설적이고 구체적이어야 한다.

솔직하면 된다.

22. 산화비; 황홀하고 황폐한

 중천에 떴던 태양이 위세를 잃고 땅으로 떨어지면 진경이 펼쳐진다. 대낮의 권력을 잃고 산 뒤로 숨어든 뒤에야 눈부신 광경을 탄생시킨다. 붉게 물든 하늘, 석양과 낙조…….

주역의 22번째 괘 산화비(山火賁)는 이 세상 모든 저녁, 장엄한 몰락에 대한 찬양이다. 산 아래로 불덩이가 숨어들어, 수줍은 듯 자신의 빛을 뿜어내는 모습을 묘사한다. '비'는 꾸민다는 뜻, 아름답다는 뜻이다.

그러나 산화비는 아름다움에 대한 몰입을 허용하지 않는다. 주역의 괘들이 저마다 6개의 효를 늘어놓으며 펼쳐대는 이야기들은 결코 어느 한 방향으로 흐르지 않는다.

산화비는 주역의 그런 독특함을 아름다움에 대한 경계(警戒)라는 형식으로 나타낸다. 붉은 아름다움에 관한 얘기를 마무리하면서 주역은 '백비무구(白賁无咎)'를 덧붙인다.

색(色) 없이 꾸미면 허물이 없다

꾸밀 때 소박할 줄 알라는 얘기로 들린다. 붉은 노을의 지극한 아름다움을 눈앞에 펼쳐 보이고는 바로 화려하지 않은(白) 꾸밈(賁)을 얘기한다. 그래야 허물이 없다고 말한다.

12세기 고려의 역사책 《삼국사기》에는 백제 초기 온조왕 때 궁궐 건축을 평하는 문장이 등장한다.

새봄에 궁궐을 새로 지었다.
검소하나 누추하지 않고 화려하나 사치스럽지 않았다

김부식은 '검이불루 화이불치(儉而不陋 華而不侈)'란 말로, 궁궐의 아름다움을 탁월하게 잡아낸다. 검소하나 남루하지는 않다. 화려하나 뽐내지는 않는다. 백비무구의 경지는 아마도 김부식이 묘사한 궁궐의 미(美)에 깃들어 있을 것 같다.

아름다움이란 게 그렇다. 붉디붉어 아름다운 그날 저녁의 노을엔 미안한 얘기지만, 텅 비워낼수록 더 아름답다.

아름다움을 관조하는 이 역시, 눈앞의 화려함에 현혹되면 위험하다. 그리스 신화 속 사이렌의 노랫소리에 빠진 오디세우스의 수하들이 맹목적 몰입의 치명성을 몸소 보여주지 않았나. 아름다움에 빠지는 일은 위험하다. 황홀하지만, 황폐해진다.

산화비의 괘는 아름다움에 던지는 찬사이면서 경계다. 눈앞에 파노라마로 펼쳐지는 붉은 노을은 숭고하면서도 퇴폐적이다. 몰락한 태양은 찬란한 슬픔이다.

23. 산지박; 무너져도 끝은 아니다

 주역에 대해 사전지식 없이도 속뜻을 금방 알 수 있는 괘들이 있다. 괘의 형상에 괘의 의미가 직접 드러나는 경우다. 중천건 괘와 중지곤 괘가 그랬다. 끊긴 곳 없이 단단한 6개의 막대로 만들어진 중천건 괘는 강하고 유장하다. 가운데가 끊긴 막대들로만 이뤄진 중지곤 괘는 부드럽고 푸근하다.

23번째 산지박(山地剝), 24번째 지뢰복(地雷復) 괘도 온몸으로 자신의 메시지를 알린다. 산지박은 아래쪽 5개의 끊긴 막대 위로 단단한 막대 하나가 위태롭게 걸쳐져 있는 형국이다. 지뢰복은 끊긴 데 없이 순수한 막대 하나가 끊긴 막대 5개 아래에 파묻혀 외롭게 빛을 내는 형국이다. 텍스트들의 도움 없이, 이미지만으로도 의미를 해석할 수 있는 직관적 괘들이다.

산지박의 이미지를 보면서 사람들은, 굳을 대로 굳은 표면의 나무껍질이 이제 툭 벗겨질 준비를 하는 광경을 상상했다. 낡은 껍질은 사라지고 곧 새살이 돋을 것이다. 지뢰복은 세상을 덮은 어둠 속에 외롭게 잠복한 불씨의 모습을 보여준다.

산지박 괘부터 들여다보자. 주역의 다른 괘들이 그렇듯, 살펴보고 있으면 다양한 의미들이 또 다른 방식으로 드러난다. 오래된 지층처럼 주역은 언제나 중층적이다.

 살다 보면 무너진다. 오늘이 먹기 싫고, 내일이 살기 싫을 때가 있다. 그런 사람 수다하고, 그런 사연 허다하다.

 산지박 괘는 그런 상황을 괘상으로 보여준다. 연약한 막대들 위로 양의 막대 하나가 걸쳐 있다. 곧 무너질 거다. 흔들리다 주저앉을 것이다.

 폐허가 되리라. 가냘픈 생을 힘겹게 떠 받쳐온 기둥들이 무너지고 나면 세상은 황량해질 것이다.

 주역의 해설자들은 밑에 깔린 음의 효들을 나쁜 마음을 먹은 부하들로 해석하여, 쿠데타로 읽기도 한다. 저 꼭대기에서 홀로 견디고 있는 우두머리는 실각할 일만 남았다.

 메시지들도 끔찍하다. 상다리가 삐끗하더니 상 전체를 가로로 지탱하던 나무가 부서져 나가고, 상판이 주저앉는다. 번듯하던 집기가 폐목이 됐다. 부서진 상처럼 폭삭 망한 누군가의 사연이 애절하다.

 황망한 상황을 묘사하는 불안한 점사들이 산지박 괘의 울타리 안으로 집결했을 것이다. 숱한 사연 가운데 세월을 견디며 살아남은 메시지의 에너지가 강력하다.

무너지리라, 무탈하리라

산지박 괘에 등장하는 박지무구(剝之無咎)라는 문장에 대한 해석은 다양하다. 다리가 흔들려 무너지는 책상을 떠올리며 '무너지리라, 무탈하리라'로 풀었다.

깊은 산속의 중들이 쓰는 말 중에 대사각활(大死却活)이 있다. 크게 죽고(대사) 난 뒤에 활연히 깨어난다(각활)는 뜻이다. 서서히 또는 갑자기 무너져서 집도 절도 없이 떠돌아야 하는 상황이 건네는 공포와 당혹은 상상을 뛰어넘는다. 하지만 철저하게 무너지고 나서도 들판의 잡초처럼 되살아나 떨치고 일어나는 사람들이 있다. 그들의 기사회생을 믿어줘야 할 때가 있다.

24. 지뢰복; 크리스마스와 동지

이제 이 어려운 세상을 구해줄 '작은 불씨'를 만날 차례다.

셋째 날 공부 때 들려드렸던 선사와 제자와 화로 얘기를 소환한다. 천 년 전 선사는 컴컴한 방, 미망 속에서 헤매고 있는 제자에게 툭, 한마디를 던졌더랬다.

이건 불씨가 아니고 무엇이냐?

지뢰복은 부활의 괘, 회복의 괘다. 재에 덮여 숨어 있는 불씨는 여간해선 보이지 않는다. 켜켜이 쌓인 음의 무게에 짓눌려, 바닥에 웅크린 양의 막대 하나도 눈에 띄지 않는다. 하지만 불씨도 가녀린 희망도 저 암흑의 밑바닥에서 의연하게 살아 있다. 살아서 꿈틀거리는 중이다. 완전히 포기했을 때, 이제는 더 이상 불을 밝힐 수 없다고 생각할 때 홀연히 나타나는 게 불씨이고, 양의 기운이다.

지뢰복의 양기(陽氣), 그 상서로운 기운을 발견하려면 어둠, 좌절, 막막함을 견뎌내야 한다.

그리고 작은 불씨를 보호해야 한다. 희망의 가능성을 엿보았다고 해서 흥분하거나 경거망동해선 안 된다. 작은 불씨는 차츰차츰 성장해 삶과 세상의 판도를 바꿀 수도 있는 거대한 힘이지만, 지금은 너무나 미약하다. 아직 가냘프기에 지극히 조심해야 한다.

주역의 편집자는 그 점을 명확히 한다. 땅속(地)에 벼락의 에너지(雷)가 잠복해 있는 지뢰복의 이미지를 풀면서 준엄하게 경고한다.

동짓날이면 관문을 닫아 장사꾼과 나그네들의 출입을 금한다

매년 12월 20일 넘어 찾아오는 절기인 동지는, 한여름 이후 짧아지기만 하던 낮이 반전을 시작하는 날이다. 정확히 지뢰복의 형상화다. 낮의 기운이 겨울의 찬 어둠 속에서 태동하는 날이다. 그때 한 나라의

왕은 나라의 모든 '물류'을 자제시켰다. 새롭게 세상을 끌어갈 에너지를 보호하기 위해서다. 붉은 팥죽을 먹는 동지는, 성스러운 날이다.

서양의 크리스마스는 탄생의 날이다. 탄생은 부활이다. 서양의 크리스마스와 동양의 동지는 2~3일의 차이를 두고 연말을 맞은 사람들에게 희망을 전한다. 세상을 밝힐 작은 불씨 하나의 존재를 알린다.

세상을 어둡고 차갑게 뒤덮은 음의 기운 속, 웅크린 채 홀로 외로운 양의 기운 하나. 지뢰복 괘는 그런 모습을 담고 있다. 그 모습이 하도 예뻐서 그 형상으로 부적 하나 만들고 싶을 때가 있다.

모든 게 끝난 줄 알았을 때, 세상은 다시 생기를 찾기 시작한다.

열셋째 날

생각에 사악함이 없다

무망·대축·이·대과

심란하던 날, 라디오를 틀었다. 주위 사람들에게 호되게 두들겨 맞은 듯한 날이었다. 밖에 나가기만 하면 몰려오는 세상 파도를 견딜 수 없는 날이 있다. 그날이 그랬다. 그렇게 밖에서 지치고 안에서 풀 죽어 있는데, 라디오에서 노래가 흘러나왔다.

When I find myself in times of trouble, Mother Mary comes to me speaking words of wisdom, let it be, let it be, let it be
힘들 때면 성모 마리아가 내게 다가와 지혜의 말을 건네, 그대로 둬, 그냥 그대로, 그대로 둬

비틀즈의 '렛 잇 비(Let it be)'에 마음을 쓸어내렸다.

25. 천뢰무망; 작은 꽃 한 송이, 불쑥

 25번째 천뢰무망(天雷无妄) 괘는 '렛 잇 비'의 주문이다. 그냥 내버려 두라는, 무언가 열망하지도 말고, 거창한 계획도 세우지 말고, 잡생각도 말고, 거짓 없이 섭리에 따르라는 메시지다. '무망'은 세상 파도와 부딪치는 대신, 파도 속에 몸을 맡기라는 권고다.

비틀즈에게는 성모 마리아가 전해준 지혜의 말이지만, 고대 중국인들에게는 하늘이 내려준 점괘였다.

하늘(天)에 천둥과 벼락(雷)이 격동한다. 내 계획, 내 포부 그리고 내 꼼수들은 하늘을 채운 빛과 소리에 압도당한다. 그런 것들은 별 게 아니었다. 세상은 내 맘대로 돌아가지 않는다. 우주는 광활하고 광폭하다. 그리고 나에게 관심을 두지 않는다.

세상은 제 갈 길을 가고, 우리는 거기에 휩쓸린다. 그 사실을 내가 알든, 모르든 세상은 그렇게 흘러간다. 그러니 정말 현명하다면, 바라는 것 없이, 망령되지 않게, '무망하게' 살아야 한다. 물 흐르는 대로, 바람 부는 대로, 구름 가는 대로, 세월에 나를 맡긴다.

'렛 잇 비' 하며 산다. 쉽지 않은 일이다.

공자는 시를 즐겨 읽었다. 《논어》에 담긴 그의 말은 간소하다. 긴 설명을 하는 법이 없다. 난해하지도 않다. 봄에 불쑥 피어나는 작은 꽃 한 송이처럼 아름답다. 제자들과 대화를 나눌 때 드러나는 그의 단문 스타일도 아마 그가 평생 읽은 시에서 나왔을 것이다. 공자는 그 옛날 중국 최초의 시 모음인《시경(詩經)》을 읽고 또 읽었다. 그 속에 담긴 사람들의 삶과 사랑을 어떤 경전보다 위에 두었다.

그는《시경》에 실린 시 300편을 한마디로 요약했다.

사무사(思無邪)

생각에 사악함이 없어 '사무사'다. 전쟁 떠난 남편을 그리워하는데, 엊그제 옆 동네에서 훔쳐본 그를, 그녀를 떠올리는데 사악함이 있을 리 없다. 산 밑에 흐드러진 나무와 풀이 저마다 저렇게 솔직하고 예쁜데, 나쁜 생각할 틈이 없다.

무망한 풍경이다. 거짓도 없고, 더 바랄 것도 없는 풍경이다.

그렇게 애초에 '사무사'하고, '무망'하던 우리의 삶은 세월과 함께 사악해졌다. 망령에 사로잡혔다. 그러나 그 오랜 무명(無明)을 떨쳐주는 계기는 곳곳에 가득하고, 하늘에 벼락 떨어지는 '천뢰'의 순간도 그중 하나다.

아닌 밤중에 벼락, 번개가 뇌동하면, 눈 감고 고개 숙인 뒤 그간의 업보를 반성하면 된다.

하늘에 벼락 치면 다 같이 '렛 잇 비!'다.

26. 산천대축; 취하거나 꿈꾸거나

한번 가속이 붙으면 제동이 쉽지 않다. 관성을 어쩌지 못해 가던 길을 계속 가게 된다. 물리학에만 관성이 있진 않다. 사람 사는 곳에서도 관성이 문제다. 권력에 취하고, 명예에 취하고, 사랑에 취하고, 재물에 한 번 취하면 벗어나지 못한다. 취한 채로 살아간다. 한 번 굴리는 것만으로 엄청나게 불어나는데, 그 규모의 효용을 누가 쉽게 버리겠는가. 그 커다란 눈덩이를 일단 굴리고 본다.

취생몽사(醉生夢死)는 벗어나기 힘든 굴레다. 취해 살다, 꿈속에서 죽어간다. 그러나 무언가에 취한 채 꿈속을 거니는 게 우리 삶이라 해도 잊지 말아야 할 게 있다.

절정은 파국의 전조다. 절정에서 멈춰야 한다.

한 고조 유방의 책사였던 장량을 사람들은 높이 평가하고 부러워한다. 유방이 황제 자리에 오른 뒤, 장량은 홀연히 사라진다. 권력의 정점에서 날개 없는 추락을 예감했을 것이다.

그런데 장량을 부러워하는 사람은 많아도 장량의 처신을 되살리는 사람은 찾기 어렵다. 관성은 삶을 파괴한다.

주역의 26번째 산천대축(山天大畜) 괘는 야구의 '히트 앤드 런'과 비슷한 메시지를 전한다. 산이 하늘을 뚫을 기세로 치솟았다. 너무 많이 쌓았다. 그 정도 쌓았으면 멈춰야 한다. 멈추지 못한다.

주위의 부자들을 한번 살펴보라. 멈추면 모든 게 끝이라고 생각한다. 그들은 2,000년 전의 장량을 절대 이해하지 못한다. 탐욕엔 멈춤이 없다.

그런데 그렇게 거대한 축적을 상징하는 대축 괘는 초구, 그러니까 첫 번째 양의 효사에 예리한 경고의 메시지를 실어 뒀다.

위험이 있다, 그만두면 이롭다

장량처럼 어느 날 밤, 쥐도 새도 모르게 산으로 튀어야 안전하다.

주역의 해설자들은 '대축'을 축적 아닌, 봉쇄, 답보로도 해석한다. 비대해 보일 만큼 불어난 축적은 변화를 불가능하게 하기 때문이다. 사방이 막힌다. 너무 많이 가져 움직이지 못한다.

제동 없는 축적은 정말 위험한 일이다. 사람들은 생각만큼 현명하지 못하다. 무엇이라도 축적하면 세상 전체를 가진 것으로 착각한다.

하지만 산천대축 괘는 말한다. 거대한 축적은 거대한 몰락의 징후다. 모쪼록 절정에서 멈추기를. 어느 정도 이뤘다 싶으면, 장량처럼 산으로 튈 생각을 해야 한다.

27. 산뢰이; 텅 빈 속

 절정에서 몰락을 대비하라는 산천대축의 메시지는 주역 64괘의 문을 열었던 중천건 괘의 메시지와도 통한다.

주역은 첫머리에서 '항룡유회'라는 이름의 드라마틱한 주문을 던졌다. 너무 높이 치솟은 용은 후회한다는 경고였다. 산천대축은 항룡유회의 또 다른 형상화다. 주역은 조금씩 모습을 바꾸며 반복한다.

주역의 편집자가 대축 괘에 산뢰이(山雷頤) 괘를 연이어 배치한 것은 절묘하다. '이(頤)'는 턱을 뜻한다. 괘의 모양이 턱처럼 생겼다. 위아래로 양의 막대를 배치하고, 그 중간은 음으로 비웠다. 턱(입)은 말의 진원지다. 음식을 섭취하는 통로이기도 하다. 산뢰이 괘의 메시지는 간결하다.

말을 삼가고, 음식을 절제한다

주역은 절정(산천대축)에서 침묵(산뢰이)을 요구한다. 그냥 침묵이 아니다. 음식을 절제해 속을 비운 상태다. 산뢰이는 명료한 성찰을 요구한다. 몰락을 피하려면 먼저 신중해야 한다. 입 다물고 진지하게 자신이 처한 상황을 파악해야 한다.

그런데 산뢰이 괘가 요구하는 성찰의 기간은 생각보다 길다.

십 년 동안 쓰지 말라

십 년이면 강산도 변한다고 한다. 얼마나 대단한 일인가. 사람은 변해도, 절대 변하지 않을 듯한 자연도 십 년 안에 바뀐다. 불가능할 것 같던 변화가 이뤄지려면 십 년의 세월이 필요하다.

하지만 사실, 자연뿐 아니라 사람도 잘 변하지 않는다. 세월을 이기지 못해 외모가 변할 뿐, 사람의 내면은 쉽사리 변하지 않는다. 그러나 십 년이라면? 십 년 동안의 침묵과 절제라면 어떨까.

어느 종교도 믿지 않지만, 성경을 가끔 펼쳐본다. 신의 뜻과 그 실현을 읽으려는 건 아니다. 지난 시절을 산 사람들의 드라마가 흥미로워 읽는다. 그중에서도 사도 바울의 행적은 음미할 만하다.

다마스커스로 가는 길에 회심(回心)을 체험한 바울은, 회심의 경험을 전파하기 위해 서둘러 사람들에게 가거나 하지 않는다. 대신 3년의 잠적을 선택한다. 은둔은 침묵의 극단적 형태다. 깊은 침묵을 통해 한 사람은 '발효'한다. 발효를 통해 새로운 사람으로 거듭난다.

산뢰이 괘는 어떤 면에선 64괘의 진행에서 따로 떼어 놓고 음미해도 좋을 괘다. 말(생각)과 음식의 다이어트만큼 현대인에게 절실한 게 있을까.

28. 택풍대과; 은둔 속에 찾아오는 기적

집요한 침묵과 절제는 상상할 수 없는 결과를 가져다준다. 택풍대과(澤風大過) 괘의 '대과(大過)'는 크게 지나치다는 뜻이다. 그러나 과오나 과실을 연상할 필요는 없다. 정해진 범위, 일반적으로 생각하는 한계를 벗어난 일들이 벌어지고 있는 상황을 묘사할 뿐이다.

고목이 된 버드나무에 새싹이 나고 늙은 지아비가 젊은 각시를 얻는다. 불리할 건 없다

조금은 기이한(?) 분위기의 점사에 관해 두 가지 정도는 짚어야 할 것 같다. 하나는 주역의 텍스트, 그중에서도 (역전과 구분되는) 역경의 문장들은 3,000년 전에 만들어졌다. 현대인이 보기엔 고리타분한 사례들이 등장할 수 있다. 표현 너머를 봐야 한다.

다른 하나는 남녀의 위상이다. 남녀 관계에 관한 판단이 시대를 벗어날 수는 없다. 남성을 높이고 여성을 낮추려는 의도가 주역에 드러

나는 건 어쩔 수 없다. 하지만 택풍대과 괘는 그런 면에서 '정치적인 균형'을 잃지 않아 차라리 특이하다.

고목이 된 버드나무가 꽃을 피우고 늙은 부인이 젊은 신랑을 얻는다, 허물도 영예도 없다

두 가지 문제를 감안하고 보면, 택풍대과 괘가 '대과'란 말로 그려주고 있는 상황은 '부활'에 가깝다. 생명력을 소진한 줄 알았던 고목이 새싹을 내고 꽃을 피운다. 그런 자연의 일을, 나이 든 남성과 젊은 여성, 나이 든 여성과 젊은 남성의 만남으로도 변주하고 있다.

절정에서 몰락을 걱정하라던 산천대축, 긴 침묵으로 자신을 돌아보라던 산뢰이 괘의 연장선에 택풍대과 괘를 놓으면 떠오르는 의미가 명확하다. 집요한 절제와 은둔을 통해 누구도 기대하지 않았던 에너지를 얻고 상황을 반전시킨 것이다.

택풍대과의 점사들은 주역의 정체성에 관한 본질적인 문제를 제기한다. 한두 번 얘기했지만, 주역의 본체를 이루는 점사의 모음(역경)과 유학자의 해설들(역전)은 서로 섞이지 않는다.

그런데 요즘 주역을 읽는 사람들은 대개 유학의 해설들에 더 주목한다. 논어, 맹자를 읽듯 주역을 읽으려 하는 것이다. 하지만 주역의

본질 그리고 주역의 매력은 당연히 유학자들에 의해 제어되지 않는 고대인들의 일상과 욕망에 있다.

유학자들은 현란한 수사들을 동원해, 이 당황스러운 점사들의 내용을 봉합하고, 바로잡으려 하지만 헛일이다. 차라리 검게 굳은 고목에서 돋아나고 피어나는 새싹과 꽃의 아름다움에 반하는 게 주역을 제대로 공부하는 일이다.

택풍대과 괘에서 꼭 알아두고 넘어갈 문장이 하나 있다. 독립불구 둔세무민(獨立不懼 遯世無悶)이라는 여덟 글자다. 짧지만 울림이 큰 문장이다.

혼자 있어도 두려워하지 않고,

은둔해도 번민하지 않는다

어려운 일이다. 살아가면서 가장 두려운 게 홀로 되는 일이다. 어울리지 않으면 살아갈 수 없는 게 인간이다. 역사에 숱하게 등장하는 유배와 추방과 격리는 사람을 가장 힘들게 하는 형벌이다. 그러나 형벌이 아니어도 살다 보면 홀로 되고, 외로워지는 상황이 찾아오고 만다.

주역의 편집자는 그런 상황에서 두려워하거나 번민하지 않아야 '군자'라고 말한다. 요즘 '군자'라고 하면 현실과 동떨어진 이상적인 인물을 떠올리기 쉽지만, 당시 군자라는 말의 함의를 살펴보면 꼭 그런 것도 아니다.

옛 문헌들에 산발적으로 나타나는 '군자론'에서 군자는 먼저 지난 일에 관해 묻지 않는 사람이다. 누가 알아주지 않아도 신경 안 쓰는 사람이며, 누군가 죽음에 관해 물으면 "삶도 모르는데…"라고 말을 아끼는 사람이다. 멀리서 친구가 찾아오면 아무리 바빠도 기뻐할 줄 아는 사람이다.

요즘 말로 하면 군자는 '쿨(Cool)한 사람'이다.

그렇게 세상에 초연해 쿨한 사람이기에, 혼자 있어도 두렵지 않고, 은둔해도 번민하지 않는다.

열넷째 날 ───────────

후회는 사라진다

감·리·함·항

다시 말하지만, 주역을 만든 이는 걱정이 많았다.

그런데 주역을 누가 만들었을까. 그 방대한 체계를 혼자서 만들지는 않았다. 주역은 여러 시대에 걸쳐 수많은 사람이 함께 만든 책이다. 수많은 이들의 걱정이 무성한 숲으로 우거진 곳이 주역이라는 공간이다.

그러나 신화는 달리 얘기한다. 주역이 탄생한 장소는 왕조 교체기의 영웅, 주 문왕이 갇혀 격리돼 있던 오지의 감옥을 지목한다. 어두운 감옥 안에서 주 문왕은 오랫동안 수심에 휩싸였다.

주역의 29번째 괘가 오지의 감옥에 갇혔던 주 문왕을 소환한다.

29. 중수감; 의미 없는, 희망 없는

 중수감(重水坎) 괘는 위험한 괘다. 큰물(水)이 끊임없이(重) 들이닥친다. 생명이 위험하다. 중수감 괘는 그 위험한 상황을 인간 세상으로 끌어내려 구체화한다.

"밧줄에 묶인 채 가시덤불 가득한 감옥에 갇혔다"고 표현한다. "3년 동안 (바깥을) 못 볼 것"이라 경고한다. 지금의 고통보다 무서운 건 희망의 부재다. 3년이 지나고도 빛을 다시 볼 수 있을지 알 수 없는 상황이다. 극악한 상황에서 주역의 편집자는 조용히 읊조린다.

믿음으로 한 마음을 갖는다,

형통하리라

500년 전 유럽에서 종교개혁의 불을 당긴 마틴 루터는 '솔라 피데(sola fide)'를 외쳤다. '오직 믿음으로'라는 화두를 앞에 세우고, 1,500년 역사의 그리스도교에 다른 물길을 냈다. 가톨릭으로부터 이탈할 때 주문이 바로 솔라 피데였다.

주역의 중수감 괘도 같은 주문을 한다. 믿음으로 한 마음을 갖는다면 난관을 돌파할 수 있으리란 것이다. 그런 상황에서 주역은 믿음을 얘기한다. 뭘 믿어야 할까.

물론 주역의 처방은 그리스도교의 처방과는 다르다. 희망을 박탈당한 감옥 속에서도 우리는 믿어야 한다. 세상의 난해와 복잡을, 그로 인한 세상일의 통제 불능과 예측 불가를 믿어야 한다. 사람의 지혜로 알 수 없는 미지의 영역을 믿어야 한다. 그럴 때만, 역시 미지의 영역에 속하는 기적과 신비가 모습을 드러낸다.

솔라 피데, 오직 믿음으로.

30. 중화리; 눈부신 것들은 아름답지 않다

주역의 30번째 괘는 중화리(重火離)다. 이 괘는 혼선을 준다. '리(離)'라는 한자어가 만들어 내는 난관이다. 8괘에서 '리'는 불을 상징한다. 현실에서 보이는 불의, 보이지 않는 이데아를 표현하기 위해 이 한자를 썼다. 중화리 괘에는 불의 이데아 '리'가 겹쳐 있다.

그러나 일상에서 '리'는 사뭇 다른 뜻이다. '이별'에 쓰이는 한자와 같다. 떠나고, 떼어놓고, 갈라지고, 흩어지는 상황을 표현할 때 '리'를 쓴다. 잃고, 버리고, 근심한다는 뜻이다.

중화리 괘의 메시지들은 '리'의 두 가지 이미지가 섞이는 곳에서 맴돈다. '리'의 본래 의미들(갈라지고, 잃고, 근심하고)로 인해, 중화리 괘는 바로 직전의 고난의 괘 중수감의 여운이라도 된 것 같은 느낌을 준다.

발걸음이 얽혀 꼬인다,
경외하는 마음이면 탈은 없다

그러나 주역에서 '리'는 불들이 겹쳐 활활 타오르는 이미지로 거듭난다. 중화리는 밝음의 괘, 빛남의 괘다. 제 속의 원자들을 쉴 새 없이 부대끼게 만들어 서로 충돌시키고, 그 빛으로 세상을 눈부시게 만드는 태양 같은 괘다. 사람으로 말하면 총명과 열정을 겸비한 능력자, 너무 눈부셔서 눈멀게 하는 존재들이다.

눈부신 광명은 사람들의 눈을 상하게 한다. 과도한 빛에 눈이 상한 사람들은 발을 헛딛는다. 그 정도면 다행이련만 더욱 큰일이 기다린다. 밝음의 상징인 괘 중화리 속에는 흉한 점사들이 여럿이다.

갑자기 그 일이 닥친다,
불탄다, 죽는다, 버린다

주역의 다른 괘에서도 보기 힘든 끔찍한 상황이다. 그리스 신화의 이카로스는 태양열을 못 이겨 날개가 툭 떨어지며 추락했다. 그런데 중화리 괘가 묘사하는 상황은 더 나아간다. 불타고 죽는다. 누군가는 그걸 유기한다.

상서로울 것만 같은, 겹친 불의 괘는 중수감 괘에 이어 참담한 피해를 주관하는 괘가 되고 만다.

아주 밝은, 제 안의 빛을 제어 없이 뿜는 사람들을 살아오면서 몇몇 봤다. 처음 그들을 볼 때 감탄했다. 함께 지낼 때 '저런 사람도 있구나!' 속으로 놀랐다. 그러나 그들 곁을 떠나는 사람들을 많이 봤다. 나도 떠났다. 그들을 질투하거나 그들에게 주눅 들어서가 아니라, 그들이 시종일관 너무 눈부셨기 때문이다. 눈부신 것은 아름답지 않다. 눈부신 것은 그저, 눈을 부시게 한다.

화광동진(和光同塵)을 생각한다. 빛이 왜 자신의 본색을 감추고 티끌 먼지 속으로 잠입하겠는가. 제어 없는 자신의 발광(發光)이 주위에 끼칠 폐해를 알기 때문이다.

깨달음으로 활활 빛나던 붓다들과 보살들도 자신을 버리고, 중생들 속으로 스며들었다.

상경과 하경의 구분

64개의 괘를 순서대로 훑다 보니 30개가 찼다.

64개의 괘 중 앞의 30개를 상경, 이제부터 이어질 34개를 하경이라 부른다. 주역의 해설자들은 64괘를 상·하경으로 나누고, 주역의 세계가 이중적이라 말한다. 상경은 천도(天道), 하경은 인도(人道)를 다룬다고 설명한다.

상·하경 구분은, 상경과 하경의 첫 두 괘를 비교한 데서 나온다.

주역은 건 괘와 곤 괘로 시작한다. 상경은 건과 곤을 통해 하늘과 땅, 그 우주의 원리에 관해 얘기하고, 하경의 서두에 해당하는 31번째, 32번째 괘는 인간적인 얘기를 다룬다는 것이 그들의 설명이다.

틀리지 않는 얘기다. 무언가를 느낀다는 뜻의 31번째 함(咸) 괘는 남녀의 사랑을 다룬다. 32번째 항(恒) 괘는 함 괘를 통해 만난 남녀가 관계를 유지해 나가는 과정이다. '항'은 계속된다는 뜻이다. 그렇다곤 해도 주역의 1~30번째 괘를 천상의 일, 31~64번째 괘를 사람의 일로 구분하는 건 과장이다.

64괘에서 건·곤 괘와 함·항 괘를 빼고 들여다보면 '상경=하늘의 일', '하경=사람의 일'로 구분할 만한 근거가 전혀 없다는 걸 알게 된다. 64괘의 배열 방식은 무질서에 가깝다.

64괘 구성의 원칙을 굳이 뽑아낸다면 두 가지 정도다.

첫째, 짝을 이루는 두 괘는 음양 배열을 위아래로 뒤집는 방법으로 연결돼 있다는 것이다.

둘째, 도입부에 하늘(건)과 땅(곤)의 괘를 배치하고, 마지막에 일의 완성(기제)과 미완성(미제)을 뜻하는 괘를 의도적으로 배치했다는 것이다.

주역의 64괘를 첫 번째 괘부터 마지막 괘까지 '속뜻'으로 연결해 나간《서괘전》이 있지만, 견강부회에 가깝다. 주역의 진심(眞心)은 주역 구성의 무질서를 인정할 때 드러난다.

경계는 무의미할 때가 많다. 체계가 사라진다고 큰 문제가 생기는 건 아니다.

다시 한번, 주역은 굴리지 말고, 굴려야 한다.

주역의 상·하를 잊고 이어가자

31. 택산함; 흩날리는 일만 개의 잎

일본에는 고대 시가 4,500편을 모은《만엽집(万葉集)》이 있다. 우리 역사로 치면 삼국시대 후반, 통일신라 초기에 해당하는 시기에 걸쳐 불린 노래들이다. 그 속에선 중국 고대의《시경》처럼 다양한 노래들이 그야말로 일만 개의 잎처럼 자유롭게 흩날린다.

그런데 그 자유분방한 노래들을 정치와 연애의 내밀한 결합으로 해석한 글을, 꽤 오래전에 흥미롭게 읽은 적이 있다. 주역의 31번째 택산함(澤山咸) 괘에서도 정치와 연애가 뒤섞인다. 감응의 괘로 통한다. 얼핏 보면 애무에 관한 얘기들이다. 6개의 대표 메시지 중 한 개를 빼면 다 '느끼는' 얘기다.

엄지발가락으로 느낀다, 장딴지로 느낀다, 허벅지로 느낀다, 등으로 느낀다, 뺨과 혀로 느낀다

영락 없이 남녀의 일을 묘사하는 듯하다. 택산함 괘는 계속해서 느끼는 중이다. 괘 모양만 떼어놓고 보면, 높은 곳에 있는 호수(澤)의 물이 흘러내리면서 산(山) 구석구석을 천천히 적셔주는 중이다. 괘상도 농밀하다.

하지만 주역은 점사들의 모음이고, 점사들은 대부분 '국가적 중대사'를 묻는 질문에 대한 답변이다. 오늘 애인 만나러 가는데 어디부터 애무해야 하나요? 그런 질문을 던졌을 리는 없다.

택산함 괘도 일본의 《만엽집》처럼 읽어내야 한다. 적국과의 은밀한 내통, 정보전을 염두에 두었을 것이다. 엄지로부터 혀로 이어지는 구분은 애무의 수위가 아니라 내통의 수위, 내통의 방법으로 봐야 주역이 전하는 메시지들의 맥락에서 이탈하지 않는다.

그럼에도 택산함 괘의 메시지들을 정치에만 가둬둘 필요가 있겠나 하는 생각을 가끔 한다. 기본적으로 난관을 극복하기 위한 음모와 협잡이 밑에 깔린 주역에서 느낌, 정서, 감정에 대한 강조는 독특하기 때문이다.

현대 사회는 유독 논리와 이성과 과학을 강조한다. 그런데 이성에 대한 강조의 원류를 찾아 거슬러 올라가면 17세기 철학자 데카르트의 말 하나가 나타난다.

나는 생각한다, 그래서 나는 존재한다

이후 수많은 철학자가 '내 생각'의 독재를 깨려고 철학사를 통해 안간힘을 썼다.

주역의 택산함 괘도 그런 맥락에서 읽었으면 좋겠다. 이성 대신 감성을 강조하는 괘, 우리 삶에 있어 정서, 느낌의 중요성을 환기해 주는 괘로 음미해도 좋겠다. 언제나 '개념'의 굴레에서 이탈해 있는 '느낌'은 경직된 사고에 사로잡힌 우리를 자유롭게 해준다. 가볍게 해준다.

32. 뇌풍항; 가지 끝에 걸린 봄

32번째 뇌풍항(雷風恒) 괘도 그런 맥락에서 읽을 때 진면목을 드러낸다. '지속되는 것들'에 관해 얘기하는 항 괘는 단 두 글자로 된, 강력한 메시지를 등장시킨다. 바로 '회망(悔亡)'이다.

후회가 사라진다

후회 없는 삶, 아쉬움을 남기지 않은 삶, 안타까움으로부터 자유로운 삶은 드물다. 드물기에, 주역이 제시하는 회망의 경지를 사랑하게 된다. 끝내 이루지 못할 경지이므로, 언제까지라도 마음속에 염원으로 둘 수 있는 영역이므로.

그런데 생각해보면, 후회는 이성적이고 합리적인 사회의 산물이다. 세상을 내 틀에 맞추려 할 때 생기는 게 후회다. 지나간 시간을 내 시간에 맞추어 붙들어 놓으려 할 때 생기는 게 아쉬움, 안타까움이다. '후회는 사라진다'는 뇌풍항 괘의 메시지는 합리와 논리의 강박으로부터 자유로운 택산함 괘의 연장선에 선다.

'항'은 지속을 뜻한다. 뇌풍항 괘는 오랫동안 유지되는 평화에 관해 얘기한다. 때로 세상에 퍼진 고리타분함을 경계하지만, 기본적으로 안정과 항구의 상황을 역설한다.

그런데 잘 들여다보면 안정과 항구의 전제는 변화다. 변해야 오래 갈 수 있다. 항 괘는 변화를 통한 안정을, 아주 명쾌하게 형상화해서 보여준다. 이번에도 역시 단 한 문장이면 족하다.

사계절은 변화로써 영원을 이뤄낸다

봄을 통해 도약하고, 여름에 화려하게 퍼지고, 가을에 잦아들었다가, 겨울이면 완전히 잠복한다. 그리고 다시, 도약하는 봄을 향한다. 지속적인 변화가 영원을 이뤄낸다. 변하지 않으면 막힌다.

세상의 원리를 찾아내겠다고 비밀스러운 어디인가로 떠날 생각을 말아야 한다. 소중한 것은 언제나 우리 곁에 있을 때가 많다.

그런 뜻을 절묘하게 품은 선시(禪詩)가 하나 있어 즐겨 왼다. 누구의 오도송(悟道頌 깨달음의 시)인지는 알 수 없지만 함께 나누고 싶다.

종일토록 봄을 찾아다녔지만 봄을 보지 못했네

산으로 들로 짚신이 다 닳도록 헤맸네

돌아와 웃으며 매화 향기를 맡으니

봄은 가지 끝에 이미 무르익었어라

진리는 그렇게 늘 알려져 있고, 은밀하지도 않다. 우리 곁에서 항구적인 것들을 찾아내 잘 살펴보기만 하면 된다.

항구적인 것을 관찰하면,

천하만물의 정황을 볼 수 있다

우리가 살펴야 할 건 특별하지 않다. 해와 달, 사계절, 하늘의 별들을 잘 처다보고 있으면 도통한단 얘기다. 삶의 비급을 찾기 위해, 깊은 산속과 바다 건너를 찾아갈 필요는 없다.

그냥 지금 선 자리에서 사방을 둘러보기만 해도 세상 돌아가는 법은 자연스럽게 드러난다. 그렇게 허허로운 속에서만 아쉬움 없는 삶, 회한 없는 삶의 가능성이 움튼다.

후회에 관한 얘기를 좀 더 해봐도 좋겠다.

열다섯째 날 ─────────────

영원 회귀,
니체, 앤디 워홀

한때 주역을 멀리했다. 주역으로 많은 걸 시도해 본 후였다. 궁리도 해봤고, 예단도 해봤고, 마음도 다스렸다. 주역이 중추인 음양오행을 해설하는 책도 내놨고, 64괘의 의미를 유쾌하게 풀어낸 책도 출간했다. 주역을 종교처럼 떠받드는 무리가 거슬려, 주역의 허점을 들추어 공격하는 소논문을, 과학적 회의주의를 표방하는 대중 학술지에 싣기도 했다. 그게 다 십 년은 지난 일들이다.

이후 한동안 주역에서 손을 거뒀다. 눈길, 손길 닿지 않는 책장 한 구석에 팽개쳐 두었던 주역을 다시 펼치게 된 건, 뜻하지 않은 인연 때문이다.

동서양 학문에 조예가 깊은 노장 한 분을 만났다. 오래전 써두었던, 2,000년 전의 어떤 역사적 인물을 평하는 졸고에 관해 이야기 나누는 자리였다. 대화 중 내 주역 공부의 전말을 꿰뚫어 본 노장이 아무렇지 않게 한 마디를 툭 던졌다.

"너무 미루지 말고 주역 공부 이어가십시오."

논제를 벗어난, 권유인지 지시인지 모를 묵직한 목소리에 마음이 흔들렸다. 문향 가득한 그의 집무실이 하얘졌다.

머뭇거릴 뿐 답하지 못했다. 혼미해진 정신 탓이었을까. 서가인지, 숲인지 모를 노장의 집무실을 빠져나오고 며칠 만에 나는 홀린 듯, 먼지 뒤집어쓴 주역을 책장의 바닥에서 끄집어냈다.

그 옛날 공자는 주역을 하도 읽어 서책을 묶어둔 가죽끈이 여러 번 끊겼다던데, 단출한 서가 바닥에 버려진 이 시대의 주역 한 권은 먼지 묻고도 멀끔하다. 그래도 펼쳐보니, 꽤 여러 페이지에 연필로 그은 밑줄들이 반듯하다.

그날부터 여러 날 쉬지 않고 내 젊은 날을 매혹했던 단문의 지혜들을 탐색해 갔다. 그렇게 중천건(重天乾)에서 화수미제(火水未濟)에 이르는 주역의 행로를 더듬어 가다가 멈칫한 곳에 두 글자가 선명했다. 그 아래로 희미한 밑줄이 유난히 정갈했다.

회망(悔亡)

십 년 만에 펼친 주역이었다. 주역의 문구들이 오래전 사라진 머릿속으로 빨려들 듯 들어온, 강렬한 두 글자가 바로 뇌풍항 괘의 '회망'

이었다. 주문(呪文) 같았다.

후회가 사라진다……

불교에서 '아미타'는 무한한 빛, 무한한 생명력을 뜻한다. 비현실적인 이 단어를 이름으로 삼은 아미타 부처를 열 번만 정성스레 불러도 사후가 평안하다고 불교는 말한다.

'나무아미타불'이라는 주문이 탄생한 사연이다. 조용한 소리로 주역의 '회망'을 읊조리며 불교의 '미타 신앙'을 떠올렸다.

회망, 회망, 회망……,
사라져라, 사라져라, 사라져라, 후회들이여……

그러나 회망은 회망일 뿐이다. 후회는 우리 곁을 쉽사리 떠나지 않는다.

20세기 후반, 물리학자들은 시간의 비밀에 한 걸음 다가선다. 시간은 왜 한 방향으로만 흐를까? 질문은 이렇게 바꿀 수 있다. 깨어져 조각난 꽃병은 왜 다시 붙지 않을까? 컵에서 흘러넘친 물은 왜 컵으로 돌아가지 않을까?

확률적으로 이 세계는 '무질서의 정도(엔트로피)'가 높아지는 쪽으로 진행된다. 그래서 시간을 되돌릴 수 없다. 이 통찰은 열(熱)의 확산을 탐구하는 과정에서 나온 발견이다. 과학자들이 시간의 진행을 얘기할 때, '열역학 제2법칙'을 꺼내 드는 이유다.

그런데 무질서로 향해 가는 시간의 일방통행 속에서 많은 문제가 생긴다.

세상은 시시각각 해체되는데, 생명 있는 모든 존재는 해체에 저항한다. '유지'가 생명의 본질이다. 내 몸이 물과 단백질과 지질로, 이어 탄소와 산소와 수소와 질소로 해체되지 않게끔 유지하는 게 생명의 가장 큰 일이다. 모든 생명은 그렇게 자신의 상태를 유지하려 안간힘이다. 노력하지 않으면 흩어져 우주의 먼지가 될 것이다.

생명은 무질서해지려는 우주적 경향에 반발하고, 시간의 흐름에 저항한다. 그게 생명의 본질이다. 그 눈물겨운 노력으로 우리는 70~80년의 기적적인 삶을 살아가지만, 그동안 '시간과의 불화'는 끊이지 않는다.

이제쯤 후회가 무엇인지 다시 생각해 볼 수 있다. 세계는 미래를 향해 가는데, 사람은 현재를 유지하기 위해 과거를 붙잡는다. 눈만 뜨면 과거를 소환하는 방식으로 시간에 역행한다. 시간과의 불화가 바로 후회다.

그런데 주역은 체계의 중간쯤에서 "후회는 사라진다"고 선언한다.

인간의 삶에 본질적인 '시간과의 불화'가 해결될 것이라고 천명한다. 불화를 극복할 방책까지 주역은 말해줄까.

주역에게 묻지 않아도 좋다. 흐르는 시간 속에 나를 맡길 줄 알면 불화는 사라진다. 시간 속에 깊이 잠기는 순간 평화가 온다. 몸은 시간의 흐름에 저항하지만, 마음은 파도를 타듯 시간을 타야 한다.

뇌풍항 괘의 메시지를 다시 음미해 보자.

사계절은 변화로써 영원을 이룬다

한 번 나면 천 년을 가는 숲의 나무들을 보라. 시간과의 불화를 이겨내고 영원으로 가는 방법은 사계절의 순환에 나를 맡기는 것이다. 사계절의 변화에 자신을 깊이 내맡긴다면, 숲처럼 우리 삶도 푸르고 또 푸르다. 계절의 순환은 지친 나를 '희망'의 경지로 싣고 가는 노아의 방주다.

20세기의 첫여름 세상을 뜬 서양 철학자 니체는 '영원 회귀'라는 개념을 사람들에게 남겼다. 뇌풍항 괘가 얘기했던 사계절의 순환은, 이천 년 후 등장할 영원 회귀의 원형이다. 미묘한 차이를 무한히 반복하면서 세상은 영원히 새롭다. 그런데 영원 회귀에 관한 흔한 오해 하나를 먼저 없애야 할 것 같다.

밀란 쿤데라의 유명한 소설 《참을 수 없는 존재의 가벼움》의 1부 〈가벼움과 무거움〉은 영원 회귀에 관한 얘기로 시작한다.

영원한 회귀란 신비로운 사상이고, 니체는 이것으로 많은 철학자를 곤경에 빠뜨렸다. 우리가 이미 겪었던 일이 어느 날 그대로 반복될 것이고 이 반복 또한 무한히 반복된다고 생각하면! 이 우스꽝스러운 신화가 뜻하는 것이 무엇일까?

밀란 쿤데라의 필치에는 사유를 자유롭게 주무르는 고수의 능력이 스며 있다. 하지만 영원 회귀에 관해서라면 약간 오해의 소지가 있다. '이미 겪었던 일이 그대로 반복'되는 게 영원 회귀는 아니다. 훗날 니체를 해설한 철학자들의 말을 들어보면 영원 회귀는 '동어 반복'이 아니라 '차이의 반복'이다.

주사위를 생각해 보자. 수천 년의 세월을 통해 수많은 사람이 주사위를 던졌다.

6개의 숫자 중 예컨대 '5' 역시, 주사위를 던지는 사람에게 수없이 주어졌을 것이다. 하지만 4 뒤에 나오는 5와, 6 뒤에 나오는 5의 의미는 다르다. 5의 전후를 따르는 숫자들을 함께 생각할 때, 우리에게 주어지는 5는 늘 같은 5가 아니다.

세상의 봄은 무한히 반복되지만, 한 번도 같은 봄은 없다. 봄을 이루는 날들이 '동어 반복'하는 일은 없다. 미묘한 차이를 가진 날들이 서로 다른 배열로 만나 봄을 이루고, 여름을 이루고, 가을, 겨울을 이룬다.

주역의 말처럼, 사계절은 변화로써 영원을 이룬다. 영원히 반복되는 건 '복제품'이 아니라 '차이'다.

주역도 그렇게 미묘한 차이를 가진 괘들을 쉬지 않고 돌린다. 우리는 이제 32번째 괘에 도달했을 뿐이지만, 괘의 행진은 계속된다. 엇비슷한 구조의 괘들이 64번째 괘를 향해 나아간다. 64번째 괘에서도 그 흐름은 끊기지 않는다.

주역은 윤회한다.

앤디 워홀(1928~1987)은 미술사에서 팝아트로 유명한 작가다. 앤디 워홀 작품 중에 여배우 마릴린 먼로의 이미지를 계속해서 반복하는 게 있다. 고개를 약간 틀고 환하게 웃는 이미지는 똑같다. 그러나 색채는 조금씩 달라진다. 미묘한 차이를 보이면서 반복된다.

주역의 64괘도 마찬가지다. 하나하나의 괘는 워홀의 마릴린 먼로 '들'처럼 조금씩 다른 사건과 상황을 담으면서 제시되지만, 비슷한 모양새다. 그의 화장이 달라진다 해도, 인생과 우주의 본질은 달라지지 않는다. 주역의 64괘도 미묘한 차이를 쉬지 않고 반복하며 인생과 우주를 말한다.

현대물리학은 '프랙털(fractal)'이라는 개념을 제시한다. 도형 하나가 있다 치자. 도형의 미세한 부분을 뜯어내 현미경으로 살피면, 그 속에 도형 전체의 모습이 반복되고 있다고 일부 물리학자들은 주장한다.

생물학은 한때 "개체 발생이 계통 발생을 반복한다"는 명제를 강조했다. 특정 생물의 성장 과정은 그 생물의 진화 과정을 압축적으로 재현하곤 한다.

주역의 괘를 앞에 두고 가끔은, '프랙털'과 '계통 발생의 재현'을 떠올려도 좋다. 하나하나의 괘는 주역 전체를 요약하고, 세상 또는 우주의 무대에서 자신을 무한 반복해 간다.

이것이 바로 주역의 세계관이다. 주역을 얘기하면서 니체와 쿤데라와 워홀과 현대물리학자를 등장시키는 이유는 단 하나다.

주역은, 굴려야 하기 때문이다.

멀리서 보아야 하기 때문이다.

4부

반전과 역설을 꿈꾸는 삶

열여섯째 날

숨는다

둔·대장·진·명이

자본이 지배하는 사회는 황홀하고 황폐하다. 말끔한 디자인의 도시 뒤에 감춰진 상처들이 있다. 상처의 연원으로 소급해 들어가면 '현대'를 주도한 유럽인들의 직선적 세계관이 놓여 있다.

하지만 유럽을 벗어나면 직선 아닌 순환의 세계관이 주류다. 인도에서 시작된 윤회의 사유가 그렇고, 중국에서 탄생한 주역의 사유도 원을 지향한다. 세상도, 우주도 시간과 함께 돈다.

뇌풍항 괘에서 사계절의 외양으로 등장한 주역의 순환적 세계관은 열여섯째 날에 만날 둔, 대장, 진, 명이 네 개의 괘에서 세속적인 모습을 얻어간다.

동아시아의 전통적 자연관인 풍수는 '장풍득수(藏風得水)'의 준말이다. 바람을 가두고(장풍), 물을 얻는다(득수)는 뜻이다. 우리에게 익숙한 배산임수는 장풍득수를 실생활에 적용할 수 있게 만든 일종의

'세속화된 공식'이다.

둔, 대장, 진, 명이 괘는 진퇴(進退)의 중요성을 알린다. 나아가면 물러나고, 한번 앞서 가면 다음엔 퇴각하는 게 진퇴의 논리다. 배산임수가 장풍득수를 세속화한 것처럼, 진퇴는 순환적 세계관을 일상화한다. 진퇴는 영원 회귀의 '세속 버전'이다.

열여섯째 날, 주역은 진퇴를 거듭한다.

33. 천산둔; 은둔의 즐거움

선불교의 고전 중에 《송고백칙(頌古百則)》이 있다. 수많은 선불교 공안 중에서 백 개를 추리고, 거기에 송(頌)을 붙인 책이다. 천 년 전, 설두 중현이라는 선사의 작품이다. 선불교가 보물처럼 여기는 《벽암록》의 원형이다.

설두 선사가 깨달은 뒤 행각에 나섰다가, 길에서 친분 있는 유학자 한 명을 만난다. 유학자는 소개장 한 통을 써주면서, 옛 친구가 방장으로 있는 절에 찾아가달라 한다. 행각은 그만하시고, 큰 절에서 가르침을 펴라는 주문 겸 부탁이다.

한 삼 년 지나 유학자가 그 절을 지나다가 방장을 만나 설두 중현의 안부를 묻는다. 방장은 "그런 선객은 오지 않았다"고 말한다. 사정이 궁금했던 유학자는 천 명이 넘는 대중 속을 헤집고 다니다, 좌선에 몰두하고 있는 설두를 발견한다.

"어떻게 된 일인가요? 혹시 소개장을 잃어버리신 건가요?"

설두는 웃으면서 걸망 속에 넣어두었던 소개장을 꺼낸다.

"각별한 후의를 잘 압니다. 하나 소승이 배달부는 아니니까요. 잘 보관하고 있습니다."

유학자는 선사에게 지극한 예를 갖추고 물러난다.

설두는 '숨는 일'이 어떠해야 하는지 삶으로 보여준다. 주역의 33번째 천산둔(天山遯) 괘는 그런 은둔과 잠적에 관해 말한다. '둔(遯)'이 숨는다, 피한다는 뜻이다.

천산둔 괘에 관한 해설에는 12세기 중국의 천재 주자(朱子)가 곧잘 등장한다. 유학에 고도의 철학적 깊이를 불어넣어 성리학의 물꼬를 튼 주자, 그러니까 주희(朱熹, 1130~1200)는 동서고금을 털어 손꼽힐 희대의 천재다.

주희가 사상계에 모습을 드러내기 직전, 공자에서 시작돼 이어져 온 전통 유학은 불교에 송두리째 먹힐 위기였다. 그런 시대의 분위기를 상징적으로 보여주는 선문답이 하나 있다.

어느 날 황룡사의 회당 조심 선사가 황정견이라는 당대의 최고급 유학자에게 질문을 하나 던진다. 논어에 "내가 너에게 숨기는 것이 없다"란 말이 나오는데 무슨 뜻이냐는 것이다. 유학자는 몇 번 답변을 시도하는데, 답하는 이나 듣는 이나 영 마뜩잖다. 그때 마침 더위가 물러가고 서늘한 기운이 감돈다. 순간 황룡사 뜰에 가을 향기가 가득하다.

회당 : 치자꽃 향기가 나는가?
황정견 : 네, 선사.
회당 : 내가 그대에게 숨기는 것이 없다.

황정견은 짧은 대화로 불교에 무릎을 꿇었다. 유학자가 풀이하지 못하는 논어의 문장을 선사가 선불교의 방식으로, 여유롭게 해설했다. 남송 초 당시의 사상계가 그랬다. 불교가 유학을 압도하는 분위기였다.

그때 주희라는 천재가 나타난다. 불교가 유학을 무너뜨리려던 상황을, 유학이 불교를 접수하는 상황으로 180도 역전시켰다.

그런 주희조차, 도망치는 걸 부끄러워하지 않았다.
주희는 황제의 국사(國師), 그러니까 공식 스승이었다. 어느 날 주희는 사악한 권신 한 명의 횡포를 보다 못해, 그를 규탄하는 상소문을 써놓았다. 그러나 제자들은 그 상소로 인해 주희가 다칠까 걱정한다.

권력자를 비난했다가 도리어 정치적인 파국을 맞지 않을까 우려했다. 주희는 고민했다. 논쟁과 심려 끝에 주희와 제자들은 점을 치기로 했다. 모여 앉아 주역 괘를 뽑았다.

피해 숨는다, 형통하리라

천산둔 괘를 받아들었다. 주희는 말없이 상소문을 태우고 일시적인 은거를 택한다.

대단히 싱거워 보일 수도 있는 얘기다. 굳은 결심으로 준비했던 정치 행보를, 주역의 메시지 하나 받았다고 바로 없던 일로 하다니.

주역의 메시지를 따른다는 것은, 자신의 의지와 사유를 포기하는 일이다. 자신이 오랫동안 준비하고, 마련한 계획을 일거에 내던지는 행위다. 누구보다 심오한 사유를 할 수 있었던 주희는 왜 허망해 보이기까지 하는 급선회를 택했을까.

하나의 상황을 만들어 내는 변수는, 무한에 가까울 정도로 많다. 인간의 머리로 가늠할 수 없는 상황이 오면 자기 뜻을 버리고 세상에 겸허한 마음을 갖는 게 낫다. 하늘의 뜻을 묻고, 그에 순응하는 게 낫다고 주희는 판단했다.

가늠하기 어려울 만큼 거대한 사유와 민감한 감성으로 무장했던 인물도 피할 땐 피한다. 그러니 나 없으면 안 된다는 생각 버리고, 숨어야 할 때는 망설이지 말고 그냥 숨어야 한다. 어디엔가 틀어박혀 자신을 반성하고, 시대를 통찰하는 게 훨씬 유용하다.

유방의 집권 후 장량은 자취를 감췄지만, 한신은 속세에 머물다 역모의 혐의 속에 처형당했다. 그 유명한 '토사구팽(兎死狗烹)'의 주인공이 됐다.

숨는 게 미덕일 때가 있다.

34. 뇌천대장; 독재자의 딜레마

움츠린 뒤에야 그 반동으로 나아갈 수 있다. 수축한 뒤에야 팽창한다. 주역의 편집자들은 그런 맥락을 고려했을까. 후퇴, 수축, 움츠림을 뜻으로 품은 천산둔 괘 뒤에 거대한 에너지를 발산하는 뇌천대장(雷天大壯)을 배치했다. 주역의 34번째 괘다.

하늘(天) 위로 거대한 에너지(雷)가 대기 중이다. 천둥소리가 낮게 들리는데, 번개는 아직 보이지 않는다. 그러나 보이지 않아도 안다. 엄청나게 강력한 기운이 저 먼 하늘 위를 채우고 있다는 것을.

대장은 힘의 괘, 발산의 괘다. 괘의 모양도 역동을 확실하게 보여준다. 아래서부터 위로 4개의 양기가 치고 올라가며 묵직하게 버티고 있다. 위로 2개의 음기가 있으나 아무래도 역부족으로 보인다. 은둔

하는 동안 강력한 에너지가 비축됐다. 치고 올라오는 양의 기운에 자리를 양보할 일만 남았다.

강력한 에너지의 뇌천대장 괘는 그러나 아쉽게도 그리 좋은 괘는 아니다. 주역에 관한 여러 해설을 보면, 대개 뇌천대장의 상황에 경고를 보내는 분위기다. 힘은 과신을 부른다. 힘은 자신을 제어할 줄 모른다.

언젠가 뇌천대장 괘를 들여다보다가 '독재자의 딜레마'를 떠올렸다. 힘을 독점한 정치 지도자들은 주위에 후배들을 키우지 않는다. 유능한 인물이 나오면 독재를 유지할 수 없으니까. 순응하는 사람, 치고 나갈 줄 모르는 사람, 기획력도 추진력도 떨어지는 사람을 주위에 둔다.

그러나 그들로는 위기에 대응할 수 없다. 비상 상황이 발생하면 사실상 독재자 혼자서 모든 일에 대응해야 한다. 그런 식으론 정권이 유지되기 힘들다. 결국 독재의 본질이 독재를 위태롭게 한다.

주역은 속 깊은 텍스트다. 뇌천대장의 힘을 가진 지도자들이 어떤 상황에 처할지 모를 리 없다.

숫양이 울타리를 들이받았다,

물러설 수도 뚫고 갈 수도 없다

'독재'는 어쩌면 삶의 경험이 아직 적은 젊은이들의 스타일이기도 하다. 억제하지 못할 만큼 강력한 힘을 가진 청년들과 그 반대편에서 가까스로 자신을 지탱할 힘만으로 버티는 노장의 세대를 함께 떠올려 보라. 기운 좋은 청년들은 자신감만으로 여기저기 나서다가 다치기 일쑤다.

힘을 주체 못 하는 숫양의 운명은 가련하다. 진퇴양난의 상황에 자주 맞닥뜨린다. 힘만 믿다간 물러설 수도, 뚫고 갈 수도 없는 상황을 맞는다.

문득 진화론이 생각난다. 진화론에선 강한 종이 살아남는 게 아니라, 환경에 적응 잘하는 종이 살아남는다. 수십억 년 전 심해를 부유하던 단세포 생물이 고도의 지능을 가진 인간이 될 때까지, 그 지난한 과정을 이끈 것은 힘이 아니라 환경과의 어울림이었다.

힘은 알고 보면 별 게 아니다. 힘 자랑만큼 미련한 게 없다.

35. 화지진; 불리할 게 없다

주역은 뇌천대장보다 훨씬 효과적인 전진의 방법을 제안한다. 35번째 화지진(火地晉) 괘는 진격의 괘다. 하지만 뇌천대장의 숫양처럼 무모하게 진격하지 않는다.

화-지, 땅(地) 위로 태양(火)이 솟았다. 정확히 일출의 형상이다. 화지진은 일출의 괘다.

주역의 편집자들은 일출에서 전진을 읽었다. 그냥 전진이 아니라 전쟁터에서의 진공(進攻), 진격(進擊)을 보았다. 주역은 왕조 교체의 혁명적 상황을 담고 있고, 점사에도 그런 전운(戰雲)이 완연하다. 적국을 치기 위해 진격하다가 후퇴하고, 시름에 잠기고, 위험에 처하는 메시지들이 등장한다.

전쟁 중이 아니어도 화지진 괘의 가치는 크다. 일출과 일출 이후의 풍경을 떠올려 보자.

붉은 태양이 지평선 위로 떠오르는 중이다. 하늘 저 위 중천이 아직 멀고, 가야 할 길이 많이 남았지만, 태양은 서두르지 않는다. 아주 서서히 조금씩만 자기 자신을 밀어 올린다. 주위의 어떤 변화에도 아랑곳하지 않겠다는 듯, 조용히 자신의 길을 터 나간다. 그 묵직한 광경을 보고 있으면, 무릇 일의 시작이 어때야 하는지, 시작 이후의 과정이 어때야 하는지 직관으로 얻어진다.

그런 생각을 하면서 화지진의 메시지들을 살피고 있으면, 일상의 걱정을 날려주는 문구 하나가 등장한다.

득실을 걱정하지 않는다,
가면 길하다, 불리할 게 없다

득실 따위 걱정하지 않고, 좌고우면하는 법도 없이 나만의 길을 묵묵히 걸어가는 태도. 그 낙관이야말로 한 인간을 빛나는 태양으로 우뚝 세우는 비결이다.

화지진 괘는 이왕 가는 길, 호기롭게 가자고 속삭인다.

36. 지화명이; 은밀한 침투, 내밀한 휴식

주역은 수수께끼 같은 텍스트다. 먼 옛날 무인(巫人)의 신들린 말이며, 시대를 초월한 예언자들의 정체 모를 방언이다. 광야에 어지럽게 흩어졌던 그들의 언어는 다양한 시대의 상황과 사람들을 만나, 밤하늘의 별자리처럼 의미를 엮어낸다. 그리고 다시 어둠 속으로 사라진다.

36번째 지화명이(地火明夷) 괘에도 수수께끼 같은 메시지가 등장한다.

왼쪽 배로 들어가 어둠의 마음을 얻는다

무슨 뜻일까. 음흉하고 사악한 마음을 품은 누군가가 있다. 어둠의 마음을 가진 이는 바로 은의 폭군 주왕이다. 시운(時運)은 다 했지만, 은을 무너뜨리자면 주왕의 계략을 간파해야 한다. 그의 계략이 어둠의 마음이다. 아무리 폭군이라 해도 대륙의 호령자다. 그의 마음을 파악하기란 쉽지 않다. 은밀하게 침투해야 한다. 그 은밀한 침투의 은유가 왼쪽 배다. 오른쪽은 드러내고, 왼쪽은 감춘다.

지화명이의 모든 메시지가 난해하진 않다.

일출의 괘 화지진을 잇는 지화명이의 텍스트는 대부분 해의 움직임을 묘사한다. 화지진의 괘를 통해 지상으로 나온 태양은 서서히, 묵직하게 하루의 운항을 전개한다.

그렇게 하루 종일 수고하다 땅속(地)으로 숨어드는 게 태양(火)이다. 지화명이의 괘는 그러니까 일몰의 괘다. 명이(明夷)란 한자는 밝음(明)이 상처받는다(夷)는 뜻이다. 시적이다. 시 속에 어둠과 혼돈이 가득하다.

아마도 주역의 편집자는 어둠과 관련된 점사들을 모으다가 암주(暗主, 폭군)의 마음을 빼앗아 오라는 내용의 점사를 발견하고, 명이(明夷) 괘에 복속했을 것 같다.

왼쪽 배로 들어가 어둠의 마음을 얻는다……. 홀로 튀는 점사이지만 그런 부정합은 주역에서 드물지 않다. 세상사 자체가 그렇게 일목요연하지 않다. 주역과 세상의 무질서를 동시에 받아들일 줄 알게 된다면, 그야말로 공부의 보람이다.

화지진 괘와 지화명이 괘는 떼어낼 수 없다. 일출이 있으면 일몰이 있다. 밝음만을 미덕으로 여기는 사람들에게 일몰과 어둠은 추락과 고난의 시절이다. 주역의 편자도 괘사에 '이간정(利艱貞)'이라고만 짧게 써놓았다. 어려운(艱) 시절을 굳세게 견디면(貞) 이롭다(利). 침묵과 인내의 미덕을 강조하고 싶었을까.

그러나 일몰과 어둠은 굳세게 견뎌내야 하는 무엇이 아니라, 눈을 감고 차분하게 자신을 돌아보며 사라진 빛의 시절을 추억하고 음미해야 하는 시기다. 그렇게 밝은 대낮의 삶을 반성하다 보면 다시 닭 울고 해 뜬다. 해 떨어지면 자기반성을 시작해야 한다.

이쯤에서 잠깐 중천건 괘의 용을 소환해도 좋겠다.

주역의 문을 연 중천건은 용의 괘였다. 연못에 몸을 숨기고 있던 용이 하늘 위로 치솟았다가 회한에 빠지게 된다는 게 중천건의 메시지였다. 가슴 아픈 용의 이야기다. 슬픈 용의 일생을 얘기하는 중에 중천건 괘는 반성을 권유했다.

하루 종일 힘쓰다가 저녁을 맞아 두려워하는 듯하면, 위태로워도 허물은 없다

갑자기 중천건 괘를 소환한 이유를 알아챈 분도 있겠다. 화지진으로 해가 뜨고, 지화명이로 해가 졌다. 해 진 후에는 어떻게 살아야 할까.

'저녁을 맞아 두려워하는 듯'하라는 메시지의 원본은 '석척약(夕惕

若)'이다. '척약'이 두려운 듯, 근심하는 듯하란 뜻이다. 지화명이 괘가 요구하던 자기반성과 같다. 일과 중에 열심히 일한 것으로 다가 아니다. 해 떨어지면 무조건 술 약속을 잡을 게 아니라, 일단 자기반성을 통해 두려운 마음을 가져야 한다.

그럼에도 삶은 쉽지 않다. 주역의 편집자는 낮에 그렇게 씩씩하고 밤에 그렇게 조신해도, 결과는 고작 '허물 없는' 정도라고 했다. 여전히 위태한 건 마찬가지라고 써놓았다. 힘겹게 살아본 사람들은 이 말이 어떤 얘기인지 쉽게 안다.

삶의 악재는 난데없이, 방향을 알 수 없는 곳에서 나타난다. 열심히 살아도 그렇다. 무진 애를 쓰며 잘 살아도 위태로운 게 우리 삶이다. 그나마 삼가고 또 삼가면 나쁜 일을 어느 정도는 피해 갈 수 있다는 게 주역의 조언이다.

정리해 보자.

일출, 화지진, 서두르지 말고 천천히 나아간다. 일몰, 지화명이, 어둠 속에서 오래 기다려야 하니, 어둠에 적응하라. 그리고 중천건 괘의 자기반성 요구가 가세한다. 해 지고 난 저녁엔 두려움과 근심에 찬 얼굴로 자기반성을 시작한다!

열일곱째 날

불화로 가득한
이 세상에서

가인·규·건·해

서울 종로구 혜화동 로터리 부근의 작은 성당 앞엔 〈평화를 구하는 기도〉가 고운 글씨로 쓰여 있다. 혜화동을 거닐 때마다 기도문 속의 짧은 문장 몇 개를 그냥 지나치지 못한다.

미움이 있는 곳에 사랑을, 다툼이 있는 곳에 용서를, 분열이 있는 곳에 일치를

사람들은 평화를 갈구한다. 사랑과 용서와 일치를 희망한다. 다른 이유가 없다. 세상이 불화로 가득해서다. 사람들은 불화 속에서 서로를 긁고 할퀸다. 갈등이 세상의 본모습이다.

주역의 세계는 무질서하다. 64괘의 정갈한 틀을 한 꺼풀만 들추면 혼란스러운 점사들이 모습을 드러낸다. 64괘는 질서와 무질서, 평화

와 불화를 한데 품은 체계다. 주역이 수 천 년 세월을 견딘 건, 그런 복합성 때문이다.

열일곱째 날, 우리는 주역이 세상의 불화를 어떻게 묘사하고 또 어떤 방식으로 그 불화를 없애는지 보게 된다. 천천히 다가가자.

37. 풍화가인; 핍진, 틈 없는 진실

풍화가인(風火家人)에서 '가인(家人)'은 집 안에 있는 사람들이다. 한 가족의 얘기다. 가인 괘에서 여성은 불화의 원인으로 지목된다. "여자가 바르니 이롭다"고 선언하면서 이야기를 시작한다.

남자는 바르지 않아도 이로운가. 거슬리는 얘기다. 주역은 전근대의 텍스트다. 시대에 뒤떨어진 사고가 곳곳에 드러나는 건 어쩔 수 없다. 고루한 사연들을 주역이 탄생한 당시의 맥락에서 이해해 주는 것, 보정을 통해 현대적인 의미를 끄집어내는 것, 모두 우리의 몫이다.

부녀자들이 시시덕거린다,

끝내 부끄러우리라.

시시덕거린다는 건 진중하지 못하다는 얘기다. 주어진 상황에서 생각이 어긋나고, 행동이 빗나가면 문제가 생긴다. 부끄러운 처지가 된다.

풍화가인 괘에서는 불화의 단서들이 등장한다. 이어지는 괘에서 처절하고 끔찍한 불화의 현장이 묘사된다.

별도로 풍화가인 괘가 전하는 '핍진(逼眞)'의 메시지는 그냥 넘기기 아쉽다. '핍(逼)'은 껍질을 벗기기 전의 곡식 낟알을 말한다. 껍질과 알맹이가 틈 없이 붙어 있는 상태다. 겉과 속이 꼭 붙어 어긋날 틈조차 없는, 진실하고 거짓 없는 상황을 묘사한다.

주역의 풍화가인 괘는 그렇게 핍진한 상황을 괘의 이미지로 보여준다. '풍화'에서 불(火)은 본질이다. 그 불로부터 나와 공중으로 퍼지는 연기(風)는 현상이다. 불이 이데아라면, 연기는 모방으로서의 현실이다. 불은 형상이고, 연기는 질료이기도 하다. 불이 사물이라면, 연기는 그 사물을 나타내는 말(기호)이다. 본질과 현상, 사물과 말이 한데 엉겨 떨어지지 않은 상태가 풍화가인이다.

후대의 주역 해설자들은 이런 이미지를 보여준 뒤, 흥미로운 메시지를 전한다. 가인 괘를 "바람이 불에서 나오는 형상"이라 품평한 뒤에 지극히 현대적인 문장 하나를 덧붙인다.

말에 사물을 담고 행동에 항구성을 갖춘다

'언유물 행유항(言有物 行有恒)'이 원문이다. 뜻과 말과 행동의 일치를 얘기한다. 불에서 연기가 나오듯, 뜻에서 말이 나오고, 말에서 행동이 나와야 한다고 얘기한다. 뜻과 말과 행동에 오차가 없어야 한다. 풍화가인 괘는 그렇게 거짓의 틈 없는 '뙴진'의 훌륭한 상징이 된다.

어쩌면 세상의 모든 불화가 뜻과 말과 행동의 이반(離叛)에서 비롯하는 것인지도 모르겠다. 전근대의 주역이 불화의 원인으로 지목한 '부녀자의 시시덕거림'이 바로 그런 이반을 상징하는 것이겠다.

38. 화택규; 불화로 홀로 남아도

38번째 괘는 화택규(火澤睽)다. '규(睽)'는 불화하고 대립하고 어긋난다는 뜻이다. 화택규가 전하는 불화와 반목의 상황은 끔찍하다.

수레가 뒤로 밀리고 소는 쓰러진다, 사람은 형벌을 받아 코를 베인다
돼지가 진흙을 뒤집어쓰고 수레에는 귀신이 가득하다

불화라기보다 불길에 가까운 상황이다. 사람들은 극형을 받고 몸을 잃는다. 소와 돼지가 역병에 걸린 듯 곳곳에서 쓰러진다. 수레에는 시체가 가득하다. 폐허를 넘어서 아수라가 된 현장이다. 전쟁의 끝물

일까. 주역의 화택규는 사람이 만날 수 있는 최악의 상황을 보여준다. 그런데 늘 그러하듯 지독하고 극악한 상황에서 주역은 역전을 시도한다.

불화로 홀로되었으나 은인을 만나 믿음을 주고받는다,
위태로울 뿐 무탈하다

언젠가 주역을 강의하던 중에 수강생 한 분이 이 메시지에 대해 자기 의견을 보탰다. 주역을 해설하던 나도, 자리를 함께했던 다른 분들도 무릎을 쳤다. 선생보다 윗길의 혜안을 보여준 수강생의 탁월한 해설을 소개해야겠다.

그는 화택규 괘에 딸린 메시지가 영락없이 프랑스의 걸작 소설 《몬테크리스토 백작》의 사연을 떠올리게 한다고 했다. '홀로된 사람이 은인을 만나 구원받는다'는 메시지가 절해의 고도에 유폐됐던 몬테크리스토의 운명을 요약한다는 것이다.

하나, 불화로 홀로된다. 촉망받는 선원이었던 에드몽 단테스는 누군가의 음모로 누명을 뒤집어쓰고 '이프'라는 고립무원의 섬에 갇힌다. 불화로 인해 격리되었다기보다 일방적인 음모에 당한 느낌이 크지만, 화택규의 '규'엔 대립하고 어긋난다는 뜻도 있으니 넘어갈 정도다.

둘, 은인을 만나 믿음을 주고받는다. 외딴섬에 격리되어 삶을 마감할 것 같던 단테스는 그러나 감옥에서 파리아라는 신부를 만난다. 그는 엄청난 지력(知力)을 가졌다. 단테스는 신부에게 온갖 학문을 배운다. 그리고 어느 날, 몬테크리스토라는 이름의 섬에 숨겨진 보물에 대해 전해 듣는다.

셋, 위태롭다. 섬으로 들어가 보물을 발견한 뒤 몬테크리스토 백작으로 변신한 단테스는 복수를 결심한다. 차근차근 원수에게 다가가지만, 그 과정에서 숱한 위기를 만난다.

넷, 무탈하다. 단테스는 복수에 성공한다. 하지만 복수라는 이름으로 직접 정의를 실현하려 했던 자신이 신의 영역을 넘본 건 아닐까 반성한다. 반성이야말로 '무탈'의 전제 아닐까.

몬테크리스토의 이야기도 화택규 괘의 메시지도 비극적이면서 낙관적이다. 불화와 갈등으로 인해 홀로 세상을 등지게 된 사람도 역경을 딛고 자신을 쫓아낸 세상에 다시 제자리를 마련할 수 있다고 말한다. 그 과정에서 세상을 등질 때보다 훨씬 더 드라마틱한 방식으로 은인을 만난다. 살다 보면 천운이란 걸 만나기 마련이다.

가다가 비를 만난다,
길하리라

화택규 괘가 건네는 마지막 메시지다. 주역에서 '비'는 은총이다. 하늘에서 쏟아지는 희망과 치유의 말이다. 갈라지고, 오염되고, 갈기갈기 찢겨 극악한 상황을 화택규 괘는 시원한 빗줄기로 일거에 해소한다.

황폐한 지상에 반전이 찾아온다. 늘 얘기하지만, 비는 오고 만다.

39. 수산건; 파행의 끝에서 반전

갑자기 찾아와 주는 은인, 포기하고 싶을 때 내려주는 단비. 그것들로 위기를 모면할 수는 있지만, 어려움은 여전히 우리의 몫이다. 39번째 수산건(水山蹇) 괘가 전하는 삶의 상황은 만만찮다. '건(蹇)'은 절뚝거린다는 뜻이다. '파행'의 괘다.

험한 산에서 산보다 더 험한 물을 만났다. 험준한 산을 타는 것만으로 힘들다. 가파른 경사나 바위들을 만나 삐끗하면 그것만으로도 다리를 상해 절뚝거리게 된다. 그런 상황인데 계곡으로 격류가 몰려온다. 섣불리 행동했다가는 급류에 휘말린다.

그런데 수산건 괘는 이런 위급 상황에서 작정한 듯, 낙관의 메시지들을 모아 터뜨린다.

가는 길엔 파행이나, 오는 길엔 명예가 있다

가는 길엔 파행이나, 오는 길엔 반전이다

가는 길은 파행이나, 오는 길엔 연대할 사람들이 있다

파행의 끝에 동지들이 온다

가는 길은 파행이나, 오는 길에 큰 수확이 있다

산속에서 물을 만난 위험천만한 상황에서 주역은 명예와 동지와 연대와 수확을 이야기한다. 그야말로 반전을 선포한다. 절망의 괘를 희망의 괘로 바꾸는 반전의 비밀은 무엇일까.

점사들은 가는 길과 오는 길을 구분한다. 가는 길의 실패를 오는 길에 모두 반전시킨다.

그건 새로운 출발을 결행할 수 있는 감각과 힘을 전제로 한다. 어디까지 가는 길이고, 어디부터 돌아오는 길인지 구분해야 한다. 힘난한 여정에 파묻혀서는 알 수 없는 일이다.

끊임없이 주위를 살펴야 내가 어디 있는지 알 수 있다. 반환점을 파악했으면, 가는 길의 파행을 오롯이 인정하는 동시에 깨끗이 잊어야 한다. 올라가는 길과 내려오는 길은 같은 코스라 해도 다르다. 펼쳐지는 풍경도, 필요한 근육과 자세도 오를 때와 내려올 때가 다르다. 전혀 다른 자세와 생각으로 새로운 상황에 맞서야 한다.

그게 되면 반전이고, 안 되면 파행이다. 진정으로 멋있는 사람은 갈 때 만신창이가 되고도 올 때는 아무 일 없었다는 듯 씩씩한 사람이다.

파행의 끝에서, 다시 우뚝 일어나 동지들을 얻고, 명예를 얻고, 잃었던 친구들을 얻고, 마침내 꿈꾸던 한 가지, 불가능할 줄 알았던 한 가지의 목표를 쟁취하고 마는 사람이다.

세상의 끝에서 반전하는 사람들이 있다.

40. 뇌수해; 진심을 내보인다

불화와 갈등이 부과한 긴장의 끝에서 주역이 모처럼 평안을 얘기한다. 40번째 괘 뇌수해(雷水解)는 마음을 다독인다. '해(解)'는 답답했던 무언가가 풀리는 상황이다.

겨우내 얼었던 천지가 풀린다. 잔뜩 경직됐던 하늘과 땅이 긴장을 풀면서, 아주 오랜만에 천둥 치고 비가 온다. 웅크렸던 자연이 기지개를 켜고 신음을 터뜨린다. 겨울잠은 끝났다. 만물이 움직이기 시작한다. 새싹이 움트고, 나무껍질이 툭툭 터진다. 모든 게 꿈틀대는 시절이다. 꿈틀대는 것, 그건 아름다운 일이다.

뇌수해의 '풀림'은 해결이 아니라 해소에 가깝다. 해결하려면 지력이나 완력이 있어야 한다. 머리를 싸매든지 힘을 쓰든지 해야 한다.

해소는 다른 방식으로 이뤄진다. 몸의 혈자리를 살펴 세심하게 놓는 침처럼 자연스러운 자극 몇 번이면 막혔던 기가 풀린다. 모르는 사이에 물길이 뚫린다. 문제는 그렇게 해소되면서 사라진다. 해결로는 사라지지 않는다. 재발한다. 해소를 위해 어디를 어떻게 자극할까. 뇌수해 괘가 전하는 '자극의 기술'은 남다른 데가 있다.

사람들에게 진심을 보인다

온갖 불화의 상황을 푸는 가장 절묘한 자극은 진심(眞心)이다. 있는 그대로 얘기하고, 조용히 기다리는 것이 사람의 문제를 푸는 가장 좋은 방법이다. 나의 진심이 물속에 서서히 퍼지는 한 방울의 자줏빛 물감처럼 다른 이의 마음을 적시고 나면, 나를 괴롭히던 문제도 어느새 흔적 없다.

두통이 몇 시간이고 사람을 괴롭힐 때가 있다. 지옥 같던 그 두통이 서서히 사라질 때의 느낌을 누구나 안다. 약간 어질한 듯, 저린 듯 몸 안의 통증이 몸 밖으로 밀려날 때, 안도의 숨을 쉰다.

오랜 고통이 사라지고, 황홀한 순간이 스친다. 뇌수해의 괘를 감각으로 풀면 아마도 그런 느낌일 것이다.

열여덟째 날 ———————————————

은밀하게, 과감하게

손·익·쾌·구

이기심은 황폐를 부른다. 황지우의 시 〈뼈아픈 후회〉를 읽을 때마다 섬뜩했다. 시인은 자신을 찾아온 사람들이 어딘가 상처를 입고 떠나는 모습을 황망하게 쳐다본다. 평생 어쩌지 못한 자신의 이기심을 두려운 마음으로, 우울한 표정으로 되새긴다. 시인에게 뼈아픈 후회는 다른 게 아니다. 살면서 한번도 "그 누구를 위해 그 누구를 사랑하지 않았다"는 사실이다. 젊은 시절, 송연한 마음으로 시인의 문장을 따라가곤 했다.

> 어떤 연애로도 어떤 광기로도 이 무시무시한 곳에까지 함께 들어오지는 못했다, 내 꿈틀거리는 사막이, 그 고열이 에고가 벌겋게 달아올라 신음했으므로 내 사랑의 자리는 모두 폐허가 되어 있다……

열여덟째 날, 주역은 우리의 이기심에 대해 경고한다. '어떤 연애로도 어떤 광기로도' 들어갈 수 없는 그 '무시무시한 곳'을 주역만의 방식으로 환기한다.

41. 산택손: 덜어내야 채워진다

주역의 41번째 산택손(山澤損) 괘는 무언가 덜어내는 괘다. '손(損)'은 덜어내고 줄이고 잃는다는 뜻이다. 괘 이름만 보면 확실히 손해를 보는 상황이다.

그런데 살면서 일방적으로 손해 보는 일은 생각보다 적다. 잃는 게 있으면 얻는 게 있다.

작은 것을 덜어내고 나면, 얼마 있다가 큰 것이 돌아오기도 한다. 덜어내 보지도 않고 "어떻게 그런 일이 가능해? 사라지면 사라지는 거지!"라고 체념하고 바깥 세계에 강퍅해질 필요는 없다. 덜어내고 줄인 후에, 상황의 추이를 살피면서 천천히 기다리면, 어느 순간 새로운 것이 눈에 들어온다.

문득 무언가 더해진다,

값비싼 거북점도 거스르지 못한다, 크게 길하다

산택손 괘의 메시지는 신비롭다. '문득'이란 말에 주목하게 된다.

이 독특한 점사의 화자(話者)는 자신이 내어줬다는 사실, 덜어내 준 기억 자체를 잊었다. 자기에게 속했던 것을 아무런 대가도 염두에 두지 않고 툭, 놓아 버렸다. 전후좌우 사정 살피지 않고 나를 한꺼번에 털어냈다. 그러니 '문득'이란 말이 나온다.

이런 사람들은 긴급한 상황에서 모든 이들이 몸을 사릴 때, 내 안위를 신경 쓰지 않고 그 위기의 한복판으로 자신을 던진다. 몸에 밴 이기(利己)의 습성을 잊고 자기 손에 들린 무언가를 남에게 줄 때, 산택손 괘의 진가가 드러난다. 모든 걸 잊고 있을 때 '문득' 무언가 더해진다고 주역은 말한다.

사람들의 욕망이 날 것으로 부딪쳐 별의별 일들이 다 일어나던 2,500년 전 춘추전국의 시대에도 "덜어내야 얻는다"고 굳게 믿는 무리가 있었다. 산택손 괘는 혼탁한 시기에도 '무소유의 행복'을 알던 이들의 지혜다.

42. 풍뢰익; 얻으려고 하면 잃는다

주역의 42번째 풍뢰익(風雷益) 괘는 41번째 산택손 괘와 인상적인 대칭을 이룬다. '손해'를 뜻하는 산택손 괘는 예상하지 못했던 행운이 찾아오리라 예언했다. '이익'을 뜻하는 풍뢰익 괘는, 절대 예상하지 못했던 불운이 찾아올 거라 단언한다.

아무도 그에게 보태주지 않는다, 누군가 그를 친다, 뜻을 세워도 버티지 못한다, 흉하다

'익(益)'은 더한다는 뜻이다. 풍뢰익 괘는 더하려고만 할 때 어떤 일이 벌어지는지 알려준다. 이기적인 삶, '플러스'에만 매달리는 사람에 대한 강력 경고다. 그 누구도 그에게는 아무것도 보태주지 않을 것이라고, 누군가 그를 칠 수도 있다고 경고한다.

내 것을 덜어내지 않고, 내 이익에만 집착하며 살면 후반의 삶이 난관에 봉착하는 경우가 많다. 아무에게도 내어주지 않았으니, 아무도 나에게 보태려 하지 않는 건 당연하다. 주역의 산택손 괘와 풍뢰익 괘는 우리 삶에서 무엇이 정말 손해이고, 무엇이 정말 이익인지 무심하게, 무섭게 알려준다.

타인을 잊고, 나만 사랑하는 사람의 주변은 끝내 폐허가 된다. 덜어내야 얻는다. 그래야만 뼈아픈 후회에서 자유로워진다.

43. 택천괘; 은밀하게, 과감하게

주역의 43번째 택천괘(澤天夬)는 재미난 괘다. 괘상부터 특이하다. 맨

 위에 쪼개진 음의 막대 하나가 버티고 있고, 아래엔 건장한 양의 막대 다섯 개가 굳건하다. 희한한 괘의 형상이 몽상(夢想)하게 만든다.

여기 한 무협 고수가 있다. 내공이 극에 달한 어느 순간, 그는 남성에서 여성으로 바뀐다. 영화 〈동방불패〉 속 임청하가 그랬다. 영화에서 임청하는 두 가지 성 정체성을 한꺼번에 품으면서 무협의 내공에 정신의 노회함까지 갖추게 된다.

이런 강력하고 노회한 자(아니 그녀)가 권좌에 앉자, 그냥 두고 볼 수는 없는 지경이 됐다. 그가 정파 아닌 사파의 인물이기 때문이다. 이럴 때는, 대개 맑고 성실한 정파의 젊은 고수들이 나서서 그를 단칼에 몰아낸다.

주역의 택천쾌(澤天夬) 괘를 시나리오화하면 이런 모습일 것이다. 맨 위에 버티고 앉아 아래를 굽어다 보는 음의 막대가 바로 노회한 사파의 고수다.

그러나 다행이다. 아래로 건강하고 젊은 정파, 양의 고수들이 사태를 관망하며 힘을 축적하는 중이다. 남은 건 결단이다. 관망의 끝에서 기회가 발견되면, 축적했던 에너지를 폭발시켜 괘 전체를 뒤엎어야 한다. 택천쾌는 스스로를 전복하려고 호시탐탐 틈을 엿보고 있는 괘다.

현실 정치의 맥락에서도 택천쾌 괘는 비슷하게 해석된다. 꼭대기의 쪼개진 음효는 음흉한 독재자다. 아래 다섯 개의 양효는 부패를 척결하려고 뭉친 젊은 정치인들이다. 택천쾌는 혁명의 임박을 점치는 괘다.

무협에서든 현실 정치에서든 혁명은 은밀해야 한다. 그러나 그게 말처럼 쉽지 않다. 혁명은 명분과 함께 조직을 갖춰야 한다. 조직을 구축하다 보면 비밀이 새 나갈 수밖에 없다. 혁명은 그때 역적모의가 된다.

괘에는 두 가지 충고가 등장한다.

앞발에 너무 힘을 준다, 가도 이기지 못한다
볼에 너무 힘을 준다, 흉하리라

혁명까지는 됐다 치자. 살다 보면 신경 써야 할 '거사'들이 꽤 많다. 그런 일이 닥치면 무엇보다 은밀해야 한다. 앞발에 힘 팍 넣고, 얼굴 근육 굳히면, 멀리서 편하게 지내던 상대방도 그 발소리에, 촉각을 곤두세운다. 몸에선 힘 빼고, 얼굴에선 긴장을 풀어야 한다.

그러나 마음가짐은 독하고 결연해야 한다. 그래야 택천쾌의 메시지에 부응한다. '외로운 결단'을 요구하는 메시지가 등장한다.

과감하고 과감해야 한다, 홀로 가는 길에 비를 맞더라도 주위에 자기편 하나 없어도, 암울한 상황이 예견되더라도, 필요하면 대담하게 튀어 나갈 줄 알아야 한다. 추위 속의 소나기로 온몸이 젖고 얼어붙어도 내친걸음을 멈추지 않고 돌진하는 저돌적 심성 없이는, 완고한 구체제가 타파되지 않는다.

44. 천풍구; 작고 아름다운 마음

택천쾌 괘가 아래위로 뒤집히면 전혀 다른 상황이 펼쳐진다. 44번째 천풍구(天風姤) 괘는 위로 다섯 개의 양이 첩첩이 쌓여 있는데, 맨 아래서 음 하나가 가까스로 견디고 있는 형국이다.

택천쾌 괘에서 '정치'를 읽었던 주역의 편집자들은 천풍구 괘에선 '연애'를 본다. '구(姤)'란 한자는 대단히 복잡하고 미묘하다. 상반된 뜻을 한데 품고 있다. 누가 누구를 만난다는 뜻을 기본으로 갖는데, 거기에 우아하다는 뜻과 그와 상반된 추하다는 의미가 함께 추가된다.

괘를 해설하는 전통 방식을 보면 옛날 사람들이 '구'란 한자에 대해 품었던 생각이 조금은 보인다. 한 여자(음)가 다섯 남자(양)를 상대하고 있다고 풀이한다.

만난다, 여자가 드세니 취하지 말라

유치하고 악의적인 문장이다. 주역으로 점치는 사람 중엔 이 괘가 나오면, '팔자 사나운 여자' 운운하며 그런 여자와 결혼할 생각 하지 말라고 한다. 시대적 한계를 지닌 괘 해설이다.

하지만 풍천구 괘는 시대적 한계를 뚫고, 자신의 형상에서 뜻밖의 메시지 하나를 도출해 낸다.

버드나무 잎으로 참외를 싸듯 아름다운 뜻을 품는다,
하늘로부터 떨어지는 게 있다

위쪽 다섯 개의 양을 버드나무 잎으로, 아래 음 하나를 연약한 참외로 봤다. 연하고 맑은 참외를 동시에 '아름다운 뜻'으로도 봤다. "여자가 억세니 만나지 말라"는, 그야말로 괴상망측한 메시지를 상쇄하고도 남을 향기로운 이야기다.

두 사람이 새롭게 만났다. 정성 들여 과일 하나를 포장하듯, 두 사람만의 아름다운 구상을 정성스레 가슴에 품는다. 그렇게 조심조심, 가만가만 자신들의 만남을 소중히 여기고 지내다 보면, 하늘로부터 홀연히 뭔가 떨어진다. 아름다운 마음을 품으면 아름다운 일이 생긴다.

열아홉째 날

어느 날 문득,
지상의 풍경들

췌·승·곤·정

지상에선 언제나 갖가지 풍경이 벌어진다. 뜻을 같이하는 사람들이 넓은 광장에 모이고, 그들 사이로 문득 한 줄기 바람이 일고, 비가 여러 날 오지 않는 여름날 호수는 바닥을 드러내고, 언제 끝날지 알 수 없는 가뭄 속에서도 마을의 중심을 지키는 우물 하나가 있고….

열아홉째 날 만날 주역의 괘들이 제시하는 상황을 모아봤다. 무질서한, 그러나 삶의 가치를 일깨우는 지상의 풍경들을 만나 볼 차례다.

45. 택지췌; 정은 사람 사이로

사사로운 얘기로 운을 떼 볼까 한다.

십 년 넘게 산에 올랐다. 갈 때마다 혼자다. 일주일에 한두 번은 산에 오르니 수백 번은 산에 올랐는

데, 그게 누구든 동행한 적은 서너 번뿐이다. 산에 오르는 시간도 별나다. 남들 다 잠든 새벽에 산행을 시작한다.

누가 옆에 있는 걸 싫어한다. 외로움을 자처한다. 하지만 이런 습성이 나만의 것은 아니라고 믿는다. 프랑스 철학자 알랭 바디우가 어느 책에선가 현대인을 두 단어로 요약했다.

안락과 나르시시즘. 사람들은 자기 안에 고요히 머물면서 평화를 찾는다. 평화라기보다 편안함이겠다. 안락과 나르시시즘은 모든 현대인의 지향이다.

이런 시대에 45번째 택지췌(擇地萃) 괘는 참 생소하다. 운집의 괘다. 대중들이 구름처럼 광장으로 모여들고 있다. 정치인이 주역 점을 봐서 이 괘를 얻으면, 다음 선거는 무조건 출마다.

그런데 꼭 뜻을 같이하지 않더라도 모여서 서로 부대낀다는 건 사람들에게 너무나 중요한 일이다. 단독의 잠행 습관이 택지췌 괘만 만나면 조금은 흔들린다.

모이는 것을 살피면, 천지만물의 정(情)이 모습을 드러낸다

혼자 있을 때 정 같은 건 없다. 온정은 사람들이 모이는 곳에서만 생기고 흐른다.

그런데 정만큼 사람을 풍성하게 만드는 게 있을까. 지식이, 정보가,

돈이 사람을 풍성하게 만들지 못한다. 현대 사회의 보물들일지는 모르지만, 사람의 내면을 다지는 데는 별 도움이 되지 않는다. 헛된 포만감만 불어넣을 뿐이다.

정은 그렇지 않다. 실체도 없으면서 사람들을 엮어주고, 헐거운 매듭 속에서도 엮인 사람 모두를 웃게 해준다. 그냥 웃는 동안 사람들은 풍성해지고, 행복해진다. 어려울 것도 없다. 그냥 모여서 얼굴 마주 보고 가끔 웃으면 된다. 그것만으로 끝이다. 그럼 세상이 달라지고, 내가 달라진다.

택지췌 괘를 가슴에 품고 누군가와 함께 산에 오르고 싶은 날들이다. 안락과 나르시시즘 아닌 부대낌과 우정과 사랑이 우리 삶을 살찌운다.

46. 지풍승; 그들은 밤에도 쉬지 않는다

주역은 우주 전체를 담으려는 거대한 야심이다. 그런데 가진 재료라곤 8개의 괘밖에 없다. 하늘, 호수, 불, 우레, 바람, 산, 물, 땅. 8개의 괘를 위아래로 겹쳐 다양한 사건과 상황을 표현하지만, 당연히 역부족일 수밖에 없다. 그러다 보니 한 괘에다 다른 의미를 중첩하는 경우가 나타났다.

하늘을 뜻하는 건 괘에 쇠를, 호수를 뜻하는 태 괘에 소금을, 물을 뜻하는 감 괘에 술을 배정하는 식이다. 이런 '의미 확장'의 사례 중 주역에 자주 등장하는 하나가 바로 바람을 뜻하는 '풍(風)'의 변신이다. '풍'은 주역에서 나무로도 쓰인다.

주역의 46번째 지풍승(地風升) 괘는 이때 온전한 의미를 얻는다. 거름 많은 땅(地) 밑에서 지금은 새싹에 불과한 나무(風)가 천천히 자신을, 땅 위로 밀어 올리는(升) 중이다.

지풍승은 길(吉)한 괘다. 직장에서 무리 없이 승진하고, 하는 일에도 꾸준한 진척이 있음을 알린다. 지풍승 괘가 전하는 메시지들도 들여다보는 사람을 차분하게 만들어 좋다. 천천히 계단을 오른다는 말도 좋고, 믿음이 있으면 제사 같은 건 아무래도 상관없다는 말도 좋다. 그리고 그중, 주역을 공부하는 이의 마음을 사로잡는 표현이 하나 등장한다.

어둠 속에서 오른다

이웃집 앞마당 또는 뒷산의 나무들은 우리가 모르는 새 훌쩍 커 있다. 남들이 아무런 관심 주지 않는 어둠 속에서 나무들은 남몰래 자신을 키운다. 자신의 성장 과정을 누구에게 뽐내지 않는다. 소리 없이, 기척 없이 자기 몸을 조용히 하늘로 밀어 올린다. 어둠 속에서 밤마다 벌어지는, 우리가 모르는 은근한 노력이 많다. 우리가 알 수 없는 곳에서 수많은 존재들이 꿈틀거린다. 야밤과 새벽의 그 내밀한 움직임을 통해 세상이 조용히 바뀐다.

하늘을 향해 올라가는 나무의 성장은 순탄해 보이지만, 사실은 아주 고통스러운 일이다. 모든 걸 끌어내리는 지구의 중력과 싸워야 하고, 흙과 물과 햇빛으로 쉴 새 없이 제 몸을 빚어야 한다. 그건 타협 없는 투쟁이기도 하다. 지난밤의 고통이 없으면 성장의 아침은 없다.

자고 일어나니 세상이 달라져 있다고들 한다. 내가 자는 사이, 남들은 깨어 있어서 그렇다.

47. 택수곤; 말을 해도 믿지 않는다

한자 문화권엔 '오풍십우(五風十雨)'란 말이 있다. 닷새에 한 번 바람 불고, 열흘에 한 번 비 내린단 뜻이다. 풍년을 부르는, 순조로운 날씨를 요약하는 네 글자다.

이제 풍경 하나를 마음속에 그려 보자. 주역을 깊이 이해하기 위한 상상이다.

호수가 하나 있다. 오풍십우가 계속되면서 호수에 물이 찰랑찰랑하다. 넘치지도 부족하지도 않게 호수를 잔잔히 채우고 있다. 이걸 봄날의 호수라고 하자. 평온하기 이를 데 없다. 그런데 여름 들어 비가 딱 멎는다. 수위가 내려가고 급기야 물이 마르더니 호수 바닥이 쩍쩍 갈라지기 시작한다. 이걸 여름날의 호수라 하자. 두 호수를 보며 주역의 편집자들은 어떤 생각을 했을까.

여름날의 호수에 관한 판단은 어렵지 않다. 지독하게 곤란한 상황이다. 극심한 가뭄이다. 비가 웬만큼 온다 해도 올해 농사는 망치기 쉽다. 어려운 시절을 견뎌내기 위해 특단의 조치를 준비해야 할지 모른다. 그럼 봄날의 호수는 어떨까. 적당한 수위의 물이 호수를 채우고 있다. 봄날의 호수에서 주역의 대가들은 무얼 보았을까.

절제의 미덕을 보았다. 과하지도 부족하지도 않은 처신에 관해 생각했다.

주역의 택수곤(澤水困) 괘는 가뭄에 찌들어 곤란한 여름날의 호수다. 수택절(水澤節) 괘는 기분 좋은 절제를 떠올리게 해주는 봄날의 호수다. 위로 호수, 아래로 물인 '택-수'는 물이 호수 바닥까지 내려가 끝내는 흔적도 남기지 않고 사라진 상황을 묘사한다. '수-택'은 호수의 위쪽 경계에 물이 찰랑찰랑, 맞춤하게 머무는 상황을 보여준다. 수택절 괘는 나중에 제대로 등장한다.

'택수곤'이 이번에 다룰 주역의 47번째 괘다.

'곤(困)'은 말 그대로 곤란하고 곤궁한 상황이다. 지독한 가뭄으로 농사를 지을 수 없다. 이렇게 기막힌 상황이 없다. 가을과 겨울의 생존을 기약할 수 없다.

이런 상황에서 주역은 "군자라면 목숨을 바쳐서라도 뜻을 지킨다"는 비장한 메시지부터 전달한다. 곧이어 주역 특유의 파격적인 메시지가 가세한다. 쉽게 예상할 수 없는 조언이다.

말을 해도 믿지 않는다

곤란한 상황에 빠지면 누구나 할 말 많다. 불만과 걱정과 하소연, 그럼에도 품어야 살 수 있는 낙관의 말과 기죽지 않기 위한 호언이 입 안에서 맴돈다. 그러나 그런 말들 하지 말라고, 꾹 참으라고, 그냥 입을 다물라고 주역은 말한다. 그런 말들은 해봐야 누구도 귀 기울이지 않는다.

남들 눈에 들어오는 건 그가 곤궁에 처했다는 사실뿐이다. 곤궁에 처한 그의 말은 중요하지 않다. 변명이거나 실체 없는 희망의 읊조림일 뿐이다. 곤궁을 뚫고 나올 힘이 말에게서 주어지는 법이 없다. 그냥 하루하루, 순간순간의 움직임이 나를 구원한다. 활로를 내주는 건, 늘 손과 발이다.

속내를 드러내 봐야 힘들어질 뿐이다.

택수곤 괘가 형상화하는 어려움은 다양하다. 조금은 가벼워 우습게 느껴질 때도 있다. 산속 나무 한 그루의 그루터기 때문에, 때론 돌 때문에, 때론 쇠수레 때문에 곤란한 상황이 찾아오는 것으로 묘사한다.

점사의 특성상, 그 점사를 도출해 낸 실제 상황을 상세하게 해설해 주지 않으니, 구체적으로 어떤 상황인지는 오랜 시간이 지난 지금은 알 길이 없다.

그저, 곤란은 너무 오래 머무는 데서 오기도 하고(나무 그루터기), 갑작스러운 불운으로 찾아오기도 하고(돌), 지나친 속도와 공격성 때문에도 온다(쇠수레)는 정도로 이해하고 넘어가는 편이 좋다. 곤란한 상황의 원인으로 주식(酒食), 그러니까 술과 안주가 등장하는 것도 독특하다. 전쟁과 같은 중요한 시기에 술은 독이다.

주역의 택수곤 괘에 후세 사람들이 붙인 해설 하나가 특이해 덧붙인다.

위험하나 기뻐하고,

곤란하나 경건을 잃지 않는다

울림이 크다. 기쁨과 경건이야말로 난관을 이겨내는 데 꼭 필요한 태도란 생각을, 살면서 여러 번 했다.

가끔 그런 사람을 본다. 웃을 일 아무것도 없는 힘든 상황인데, 순간순간 맑은 웃음을 수줍게 보여준다. 곤란 속에서도 삶의 기쁨을 잃지 않으니 가능한 일이다. 그런 사람이야말로 삶의 고수다.

경건도 마찬가지다. 어려운 상황 속에서 남들을 비난하지 않고, 운명도 탓하지 않으면서 제자리를 지키는 사람들이 있다. 그저 자신을 반성하고, 주어진 운명을 겸허히 받아들이는 사람들이다.

그리스도교의 사도 바울은 어느 서신에선가 "항상 기뻐하라, 쉬지 말고 기도하라, 범사에 감사하라"고 말했다. 주역이 말하는 기쁨과 경건의 서구식 버전이라 하겠다.

48. 수풍정; 우물을 덮지 말라

지금은 거의 자취를 감췄지만, 옛날에 우물은 한 마을의 거점이고 생명줄이었다. 우물이란 게 그렇다. 마을의 경계가 바뀌고, 나라의 강역이 바뀌어도 늘 같은 자리에 있다. 항상 그 자리에서 사람들의 발길을 기다린다. 그리고 찰랑찰랑, 정갈한 지하수를 사람들에게 선사한다.

주역에서 우물을 뜻하는 괘가 48번째 수풍정(水風井)이다.

앞서 지풍승 괘에서 '풍'을 나무로 풀었다. 땅속에서 밤새 자신을 위로 밀어 올리는 나무의 모습으로, 오르고 나아가고 융성하는 '승'의 뜻을 형상화했다.

수풍정도 마찬가지다. '풍'을 나무로 풀면, 재미난 형상이 그려진다.

물(水)을 향해 나무(風)로 만든 두레박이 늘어져 있다. 바로 우물의 모습이다.

수풍정 괘는 정치에 있어 정통성을 상징한다. 한 번 판 우물은 다른 곳으로 옮길 수 없다. 세월이 흐르고, 이 나라 저 나라가 생겼다 사라져도 우물은 제자리를 지킨다. 변하는 것들 사이에서 변하지 않는다. 한 나라의 정통성도 그렇다. 그래야 한다.

그런데 수풍정 괘는 정통성의 문제를 훌쩍 뛰어넘는 메시지를 던진다.

우물을 덮지 말라

우물은 어느 한 사람의 소유가 되어선 안 된다. 우물 밑의 물은 지하에 퍼진 수로를 통해 자유롭게 돌아다닌다. 우물로 잠깐 솟아오른다고 해서 그 물이 누구의 소유가 될 수는 없다. 그러니 우물을 덮어선 안 된다. 그 곁을 지나는 나그네라면 누구나 목을 축일 수 있어야 한다. 소유할 수 없는 것에 대해 소유권을 주장해선 안 된다.

내가 우물을 파고 만든 사람인데?

기껏해야 일시적인 독점을 주장할 수 있을 뿐이다. 끊임없이 솟아오르는 물에 대해 영원무궁한 소유권을 주장할 것인가. 무엇보다 자주 쓰지 않는 물은 곧 마른다. 우물은, 오래 사용하기 위해서라도 덮지 말아야 한다.

"우물을 덮지 말라"는 조언은 어쩌면 정통성을 뛰어넘는 메시지가 아니라, 정통성을 확약하는 메시지다. 모든 이들이 주인이 될 때 정통성이 탄생하고, 그들 모두가 우물에 대한 애정을 놓지 않을 때 정통성이 유지된다. 우물은 잠시라도 폐쇄해선 안 된다.

스무째 날 ───────────────────────

사대난괘 또는
사막을 건너는 법

삶이 그대를 속일지라도 슬퍼하거나 노여워하지 말라

러시아의 시인 알렉산드르 푸슈킨이 지은 시의 첫머리다. 지난 1970년대를 풍미했던 이 시구절이 담겨 있던 곳은 서점에 꽂힌 시집 속이 아니다. 돈 벌어 보겠다고 그야말로 무작정 상경한 젊은이들이 어렵사리 마련한 반지하 골방의 추레한 벽이 본래 자리였다.

그런 시절이 있었다. 양상은 다르지만, 요즘이라고 그런 아픔이 없진 않다. 삶은 언제나 우리를 속인다.

어느 시대에나 존재하는 삶과 나 사이의 이반과 불화를 붓다는 '고(苦)' 한 글자로 줄였다. 삶은 원래 괴로움의 바다, 고해(苦海)다. 공자도 다르지 않았다.

한 제자가 공자에게 부탁했다. 삶을 한마디로 정리해 주십시오! 공자는 한 글자만을 내놨다.

난(難)!

삶은 붓다에게도 괴롭고, 공자에게도 어렵다. 삶의 '고난', 그 괴로움과 어려움을 주역은 '사대난괘(四大難卦)'로 정리한다. 네 개의 어려운 (難) 상황이 사대난괘다. 네 개의 괘는 주역 전반에 걸쳐 흩어져 있다.

우리는 열아홉째 날의 주역 공부를 마무리하며 네 개의 난괘를 모두 만났다. 각각의 괘에 관한 설명은 끝냈지만, 네 개의 괘를 한꺼번에 정리해 보는 게 좋을 것 같다. 주역은 난세의 책이라고 했다. 사대난괘의 메시지는 어쩌면 주역 전체를 관통하는 얘기일 수도 있다. 괘들의 이름 없이 네 가지 상황을 떠올려 보자.

- 먹구름 빽빽하고 번개 치는데 비는 오지 않는다
- 거듭되는 홍수로 삶이 결딴나기 일보 직전이다
- 산속에서 급류를 만나 계곡에 발이 묶였다
- 가뭄으로 물이 말라 호수 바닥이 갈라졌다

괘 이름을 확인해 보자. 위에서부터 차례로 수뢰준(水雷屯, 3번째), 중수감(重水坎, 29번째), 수산건(水山蹇, 39번째), 택수곤(澤水困, 47번째) 괘다.

네 개의 괘엔 공통점이 있다. 모두 물이 들어갔다. 중수감 괘에선

물이 겹쳐 들어온다. 수산건 괘는 험한 산에서 물을 만나는 상황이다. 수뢰준 괘는 물(비)을 기다리는 중이다. 택수곤 괘에선 물이 흔적도 없이 사라져서 걱정이다.

그러니까 중수감과 수산건은 물의 존재로, 수뢰준과 택수곤은 물의 부재로 사람들을 괴롭힌다.

배를 띄우는 것도, 뒤엎는 것도 물이다. 주역에서도 물은 존재와 부재로 고난의 상황을 만들어 낸다. 사대난괘는 물의 존재와 부재가 만들어내는 위기 상황들이다.

그런데 유심히 들여다보면 네 개의 괘가 모두 극악한 상황을 표현하는 것 같진 않다. 굳이 정리하자면 극악한 상황 전후의 사연을 포괄한다고 보는 게 나을 것 같다.

원래 배열 순서와는 약간의 차이를 두고 설명하겠다. 수뢰준, 중수감, 택수곤, 수산건의 순서다. 일의 진행 순서에 따른 재배열로 보면 되겠다. 그 정도를 염두에 두고 문제의 사대난괘를 요약 겸 복습해 보자.

먼저 수뢰준 괘다. 수뢰준 괘는 고난의 괘라기보다 고난 이전, 진통의 괘다.

습기로 빽빽한 먹구름이 하늘에 가득해 연신 번개가 쳐대는데 비는 내리지 않는다. 일이 시작되기 전 예측 불가, 진통의 답답한 상황을 주역의 편집자들은 사대난괘의 하나로 분류했다. 새로운 일 하나를 시작하는 일이 얼마나 힘겨운지, 중요한지 그들은 체험적으로 알았다.

일이 진행되는 과정에서 맞닥뜨리는 갖가지 종류의 고난만큼, 일을 시작하기 전의 진통은 힘들다. 과연 시작할 수 있을까, 시작도 못 하고 좌초하는 건 아닐까. 사람들은 고뇌한다. 그렇게 알 수 없는 미래 때문에 고민하는 모습을 보며 주역의 편집자들은 격려의 메시지를 던졌더랬다.

주저하고 또 주저한다,
순정한 모습으로 자리를 지키면 이롭다

두 번째 중수감과 세 번째 택수곤은 본격적인 고난의 괘다. 죽음과도 같은 고난 속에서 어떤 자세를 취해야 하는지, 두 괘는 각각 다른 조언을 건넨다.

두 괘 중 중수감 괘의 주인공은 "밧줄에 묶인 채 가시덤불 가득한 감옥에 갇힌" 상태다. 언제 나올 수 있을지 모른다. 이때 주역의 편집자가 중수감 괘를 통해 던지는 메시지는 의미심장하다.

믿음으로 한 마음을 갖는다,
형통하리라

종교개혁의 선구자 마틴 루터의 '솔라 피데(오직 믿음으로)'를 함께 얘기했었다. 고난의 괘 중수감은 최악의 상황에서도 믿음을 잃지 말 것을 주문한다.

여기서 중요한 질문이 하나 남는다. 믿긴 하겠는데 도대체 무엇을 믿어야 하나.

중수감 괘를 설명하면서 주역의 믿음에 관해 얘기했다. 주역은 세상일의 통제 불능과 예측 불가를 믿을 뿐이다.

세 번째 택수곤 괘의 경우, 고난의 종류는 중수감 괘와 완전히 다르지만, 고난의 정도는 중수감 괘에 뒤지지 않는다. 오랜 가뭄으로 물이 말라 농사를 지을 수 없게 된 상황이 택수곤이다.

택수곤 괘 역시 믿음을 강조한다. 하지만 고난에 맞서는 또 하나의 무기로 침묵을 보탠다.

말을 해도 믿지 않는다

괜한 변명은 먹히지도 않을뿐더러 상황을 악화시킬 뿐이다.

그리고 마지막으로 수산건 괘. 일을 시작하기 전의 답답함(진통), 일을 시작한 후의 곤란(감옥과 가뭄)을 얘기한 주역은 다시 한번 예상을 깨고 고난 후의 회복(반전)을 제시하며 사대난괘를 완성한다.

수산건 괘의 메시지를 기억하는가. 수산건 괘의 주인공은 산속에서 파행을 거듭했다. 한시도 제대로 걸을 수가 없었다. 그런데 그 파행이 쌓여 상황을 역전시킨다.

갈 때는 파행이지만,

올 때는 반전이다

수산건 괘의 짧은 메시지 '왕건래반(往蹇來反)'은, 사대난괘 전체를 일거에 전복하는 강력한 복음이다.

젊은 시절에 직장 생활을 힘겨워했다. 선배 한 분이《사막을 건너는 여섯 가지 방법》이라는 책을 건넸다.

저자는 사막이란 시공간으로 고난을 형상화했다. 이어 사막(고난)을 건너는 여섯 가지 방법을 알려주는데 그중 하나가 "모래사막에서는 지도가 아니라 나침반을 따라가라"는 것이었다.

지도를 보며 끊임없이 목적지를 상상하면 짧은 순간의 희망과 함께 습관적인 절망감이 엄습한다. 그래서 동서남북의 방위만을 체크하며 나아가는 편이 낫다는 설명이었다.

괜한 기대도, 불필요한 비관도 버린 채 그저 전후좌우의 안위와 하루하루의 전진에만 신경 쓰며 걸으란 것이다. 사막에서 우리가 할 일은, 할 수 있는 일은 뚜벅뚜벅 걷는 것이다.

그에 앞서 마음으로 받아들여야 할 사실이 하나 더 있다. 내가 사막 한가운데 있다는 사실을 인정해야 한다. 사막을 마음속에 받아들이면, 사막뿐 아니라 사막 속의 나 자신도 새롭게 보인다.

내가 얼마나 오만했는지, 내가 얼마나 비열했는지, 내가 얼마나 과도한 낙관론자였는지, 비관론자였는지 한눈에 보인다. 사막이 아니었다면 평생 모르고 지나갔을 일들이다. 내가 모르던 자아를 발견하는 것이다. 그렇게 '나'를 알고 나면 세상이 달라진다. 나를 안 이후의 우주는 새로운 우주다. 낯선 우주다.

별은 어둠 속에서 가장 빛난다

어찌 별만의 일일까. 지도를 포기해 캄캄하고 막막해진 공간에서 새롭게 떠오른 자아가 별처럼 은은하게 빛나는 모습을 상상해 보는 건 어떨까.

주역의 사대난괘가 제시하는 상황도 사막과 다르지 않다. 거친 사막을 나침반의 가냘픈 바늘에 의지해 건너가듯, 주어진 고난을 아무런 말 없이(택수곤), 오직 믿음에 기대어(중수감) 이겨내다 보면, 내가 별로 빛나는 순간이 찾아온다.

사대난괘의 공포를 이야기하면서 죽음에 관한 얘기를 빼놓을 수 없겠다. 살다 보면 여러 가지 어려운 일이 생기지만, 그중 가장 큰 게 죽음을 떠올려야 하는 상황이다. 인간에게 죽음은 공포의 절정이다. 죽음에 대한 두려움은 어떠한 거인도 무너뜨린다.

그런데 인류의 문명사는, 그런 두려움에 어떻게 대응하는 게 가장 인간적인 방식인지 알려준다. 문명사의 흐름을 보면, 불과 200~300년 전까지만 해도 굶주림에 대한 공포가 사라진 적이 거의 없었다. 거의 모든 시기에, 사람들은 굶주림으로 인해 죽을 수도 있다는 두려움을 가지고 살았다. 그리고 실제로 굶어 죽을 만한 상황이기도 했다.

그런데 중요한 것은 그 굶주림이 곧바로 죽음으로 연결되는 일은 많지 않았다는 사실이다. 물론 예외적인 경우도 있었겠지만, 사람들은 그런 상황들을 대부분 이겨냈다. 이겨낼 수 있는 방법을 찾아냈다.

그게 진정한 인간의 모습이란 것을 인류의 역사는 반복적으로 보여준다. 굶주림이 극악한 상황으로 치달아도 사람들은 어떤 식으로든 그 상황을 견뎠고, 마침내 극복했다. 삶을 이어 나갔다. 그리고 이런 과정은 인류가 무수히 되풀이해 온, 지극히 '정상적'인 과정이었다.

죽음에 대한 두려움, 그 운명적이고 숙명적인 두려움을 이기고 살아 내는 것은, 인간적인 너무나 인간적인 일일 뿐이다. 운명이 내려준 어떤 모진 상황도 극복하고 마는 게 더 정상에 가깝다. 그게 사람들이 살아 온 행로였고, 각각의 사람이 살아가야 할 현실의 길이기도 하다.

주역의 사대난괘가 전하는 메시지도 다르지 않다. 때론 운명처럼,

아무리 잔혹하고 뛰어넘을 수 없는 상황이 와도 꿋꿋이 살아남는 존재가 인간이란 사실이다. 수산건 괘의 '왕건래반' 메시지를 복음이라 한 건 그런 맥락에서다.

갈 때는 파행이지만,
올 때는 반전이다

수천 년의 세월을 통해 수많은 사람이 수많은 사례로 증명했다. 아무리 모진 상황도 굳은 침묵과 깊은 믿음만 있다면, 결국은 역전할 수 있다는 사실을.

5부

돌이킬 수 있다

스물한째 날

가을이 오고
또 수많은 일들이

혁·정·진·간

주역은 정치적인 텍스트다. 정치에 혁명 이야기가 빠질 수 없다. 혁명은 정치의 단절인 동시에 고도의 정치다. 주역은 49번째 괘로 혁명을 논한다. '표변(豹變)'이라는 강렬한 단어로, 혁명에 시각과 촉각을 부여한다.

  그런데 표변은 가을의 이야기다.

  혁명은 가을의 사연일까.

  해마다 가을이 오고, 세상에는 수많은 일들이 벌어진다. 낙엽 지고, 단풍 지고, 새들은 치솟고, 하늘은 높고, 바람은 차고, 서럽고, 즐겁고……. 수많은 것들이 피고 진다. 그중엔 유독 신비하고 아름다운 일도 있어, 호변(虎變)과 표변이다.

  아주 깊고 먼 숲에서 호랑이와 표범은 낡고 어두운 털을 슬며시 벗어낸다. 남모르는 사이, 단순하고도 화려한 줄과 점의 문양을 단장하고, 아주 가끔만 그 휘황찬란한 모습을 주위에 드러낸다. 그들은 늘 고독하게 혼자인 채로 숲을 어슬렁거리는 존재여서 그들의 새로움과 아름다움을 볼 수 있는 이는 드물다.

용케도 그들의 털갈이를 훔쳐본 몇몇이 있어, 호변과 표변의 황홀함을 주역으로 끌어들였다. 세상과 운명을 뒤바꾸는 비밀의 괘, 혁명의 괘가 신비해진 이유다. 역사의 흐름을 틀고자 했던 많은 이들이 거사의 전날, 이 괘를 하늘로부터 받고자 했다. 자신들의 일을 천명으로 믿고 싶었다.

49. 택화혁; 점치지 않는다

49번째 괘의 이름은 택화혁(澤火革)이다. '혁(革)'은 급격한 변화를 뜻한다. 어느 정도의 변화일까. 주역 해설 중 하나인 단사(彖辭)는 '천지혁(天地革)'이라는 어머어마한 단어를 쓴다.

천지가 변혁하고 나니,

사계절이 생겼다

태초, 혼돈의 상황이던 천지가 거대한 충격 이후 사계절의 순환을 갖게 되는 상황을 묘사하고 있다. 변화라기보다, 새로운 탄생에 가까운 게 '혁'이다. 점사에는 "천명을 고친다"는 표현이 나온다. 주어진 운명을 고치는 게 '혁'이다. 어떻게 고칠 것인가.

**하루해가 다하고 나서야
변혁한다**

신중하란 주문이다. 운명을 바꾸려는데, 섣부른 행동은 금기다. 중천의 해가 다 지도록, 생각에 생각을 거듭해야 한다. 기다림 자체가 어려운 일을 가능하게 해준다. 기다리는 동안 상황도, 나도 무르익는다. 하루해가 다 가도록, 한 해가 다 가도록, 기다리고 또 기다린다.

**치고 나가면 흉하다, 마음을 곧게 가져도 위태롭다,
변혁의 말이 세 번 있다**

일상적인 시각에선 흉하고 위태로운 일이 '혁'이다. 내 앞에 펼쳐진 상황에 온몸을 내던져, 그 상황을 통째로 바꾸는 게 '혁'이다. 굳게 마음먹어도 위태롭다. 어찌할 수 없다.

그런데 뜻밖의 조언이 가세한다. 변혁의 말, 즉 풍문(風聞)에 주목

하라 속삭인다.

변혁의 의지는 늘 바람결에 떠돈다. 길 위의 사람들에게 변화의 갈망이 없는 한, 변혁은 불가능하다. 거리의 민심을 확인한 뒤에, 나서야 한다. 풍문에 의지해, 풍문을 확신으로 만드는 게 '혁'이다. 그것은 아슬아슬한 일이고, 아름다운 일이다. 바람이 전하는 얘기들이 있다.

택화혁 괘를 떠나기 전, 표변과 호변에 관한 추가 설명이 필요하다.

'혁'이란 단어는 무엇을 바꾼다는 개념어로 쓰이기 이전에, 만져지고 보이고 느껴지는 털과 가죽이었다. 그러니까 털과 가죽 자체였다가, 털과 가죽의 변화를 뜻하는 말이 됐다.

바람과 먼지, 세월의 노후로 낡고 구차해진 자신의 겉모습을 호랑이와 표범은, 가을이면 혁명한다. 흐릿하던 것들이 명확해진다. 자신의 강인하고 또렷한 내면을 외부로 드러내기라도 하듯, 호랑이와 표범은 줄과 점의 채색을 정비한다. 그리고 그들은 다시 숲을 어슬렁거린다.

그때 그들의 걸음 사이로 눈부신 아름다움이 출렁인다. 밤에만 은밀하게 진행됐을, 그 호변과 표변에서 사람들은 이 어지러운 세상 속, '혁'의 도래와 출현을 믿었다.

표변은 익숙하다. 군자의 표변을 우리는 들어 알고 있다. '군자표변'의 원전이 바로 택화혁 괘의 마지막 접사다. 군자의 표변과 소인의 혁면(革面)을 대비한다.

군자는 표범처럼 변하고,
소인은 얼굴만 바꾼다

군자의 깊고 내밀하며 철저한 변화를, 소인은 따를 수 없다. 흉내 낼 뿐이다. 상황에 따라 얼굴빛을 바꾸고 그걸 내보일 뿐이다.

비난하지 못한다. 영웅의 일이 있고, 필부(匹夫)의 일이 있다. 장군의 일이 있고, 병사의 일이 있다. 시대의 깊이를 내면화한 영웅이 자기 전체를 내던져 자신과 상황을 동시에 변화시킬 때, 평범한 이들은 얼굴색이라도 바꿀 뿐이다. 나의 할 일이 있고, 그의 할 일이 있다.

그런데 나이 들고, 계절이 깊어져 갈수록 호변의 메시지가 눈에 띈다. 택화혁 괘는 '대인호변(大人虎變)'이라 쓰고, '미점유부(未占有孚)'라 덧붙인다.

대인이 호랑이처럼 변한다,
점치지 않아도 믿음이 있다

대인호변은 군자표변처럼 인기 있는 말은 아니다. 희한한 일이다. 호랑이가 표범에 밀리는 경우도 다 있나. 호랑이와 표범이 맞닥뜨린

싸움을 본 적은 없다. 맞닥뜨린다면 호랑이의 승리일 것이다. 호랑이는 진격하고, 표범은 피한다. 그러나 숲에서 지는 표범이, 숲 밖에선 이기기도 한다. 세상일이 그렇다. 약하면 약한 대로, 또 자신의 길이 있다.

그런데 택화혁 괘는 호랑이의 변화를 얘기한 직후 왜 점을 '폐기'하려 했을까. 점치지 않아도 좋다 하지 않나.

"한 인간의 운명은 그의 마음속에 있다"고 고대 그리스의 역사가 헤로도토스는 말했다. 2,500년 전 지중해 부근을 헤매며 사람들의 온갖 사연을 기록했던 헤로도토스다. 그에게 한 인간의 내면적 변화는 그의 운명을 만들어 내는 유일한 요소였다. 나의 변화가 확고하면, 바로 그 순간 삶과 운명은 크게 전회(轉回)한다. 점치지 않아도 믿을 수 있다.

점은 바람이지만, 미래에 대한 의혹과 불신의 이면이기도 하다. 적절한 때를 맞이해 호변하고 표변하는 이에게, 불안과 공포는 없다.

바람 부는 가을, 호변과 표변의 계절엔 점치지 않아도 좋다. 자신의 변화를 일구고, 그 변화의 힘을 믿을 뿐이다. 그때, 가을의 깊은 숲을 활보하는 호랑이와 표범의 아름다움은 우리 모두의 소유가 된다.

바람 부는 가을엔 점치지 않는다.

50. 화풍정; 불안정한 세상

 50번째 화풍정(火風鼎) 괘는 안정의 괘다. '정(鼎)'은 발 세 개 달린 옛날 솥을 말한다. 나라에 큰 제사가 있을 때 쓰이던 도구이기도 하다. 다리 세 개만 갖추어지면 넘어질 일이 없다. "삼국이 정립하다" 할 때 쓰는 정립이란 단어에도 화풍정의 '정'을 쓴다.

화풍정 괘는 "크게 길하고 형통할 것"이란 메시지로 시작한다. 그러나 이내 안정을 깨는 상황들을 연달아 제시한다. 안정적으로 보이는 세상이지만, 사실은 불안정을 향해 달려간단 뜻일까.

안정의 괘를 들여다보고 있으면, 심란해진다.

화풍정 괘는 솥의 변화로 불안정을 형상화한다.

솥의 발이 위로 뒤집힌다. 발이 부러져 준비해 놓은 음식이 엎어지는데, 그게 사람을 덮친다. 안정을 깰 방법은 다양하다. 솥의 손잡이에 해당하는 솥귀가 뜨거워지거나 변형되기도 한다. "들어 옮길 수가 없어 기름진 꿩고기를 먹지 못한다"고 선언한다.

발 세 개 가진 솥의 안정성은 다양한 방식으로 무너지고, 우리는 다양한 방식으로 당황한다. 세상은 쉼 없이 무질서하고, 불안정하다.

그러나 우리의 당혹감을 예상치 못한 방법으로 풀어주는 게 이 세상이고 주역이다.

비가 내린다, 회한이 사라진다

시원한 비가 내리면서, 열로 달아오른 솥귀를 식혀준다. 이제 솥을 들어 옮길 수 있다. 솥을 가져다가 꿩고기를 맛있게 익혀 먹으면 된다. 회한은 없다.

세상엔 무질서가 내재한다. 세상에 본질적인 무질서로 인해 많은 문제가 생기고, 그 문제는 또 예상할 수 없는 사건들에 의해 풀린다.

세상은 코스모스가 아니라 카오스다.

51. 중뢰진; 벼락에 놀랄 필요는 없다

주역은 원재료에 해당하는 고대의 점사들을, 후대 유학자들의 해설이 감싸 안는 구조다. 그런데 주역의 51번째 중뢰진(重雷震), 즉 벼락 괘에선 점사들과 해설들이 거세게 부딪친다. 폭발 직전까지 충돌한다. 하나의 경전으로 묶여 봉합되어 있긴 하나, 미봉이다.

중뢰진 괘에서 인상적인 것은 유학적 해설을 뚫고 나오는 고대인들의 건강함과 씩씩함이다.

유학자들의 '벼락관(觀)'은 뚜렷하다. 하늘이 노해서 치는 게 벼락이고, 번개다. 벼락이 치면, 자다가도 벌떡 일어나 옷매무새를 다잡고 꿇어앉아, 깨어 있는 중에 잘못한 일은 없었는지 반성해야 한다. 유학자들의 큰 어른인 공자가 실제로 그랬다.

그래서 중뢰진 괘에서 유학자들의 해설만 따로 떼어놓고 보면, 두려움과 수양과 반성과 공포와 제사에 관한 얘기들이 가득하다. 벼락 앞에서 우리 모두는 큰 죄인이 된다.

그런데 주역의 핵(核)인, 사실상 주역의 본질에 해당하는 점사들은 전혀 다른 태도를 취한다. 벼락을 희롱한다. 벼락 따위에 아랑곳하지 않는다. 벼락을 비웃기도 한다.

벼락이 들이닥쳐 우르릉댄다, 웃고 말하고 깔깔댄다
벼락이 되살아난다, 벼락 속에서도 할 일을 하면 탈이 없다

이게 바로 유학 이전, 벼락에 대한 태도다. 벼락 따위 무서워하지 않는다. 벼락이 들이닥쳐도 웃고 말하고 할 일을 한다. 벼락이란 게 그렇다. 처음 "우르릉 꽝" 하며 세상을 뒤흔들 때는 무섭지만, 지나고 나면 아무것도 아니다. 벼락과 천둥에서 하늘의 노여움을 찾아내고, 사람들에게 두려움과 반성을 주입할 근거를 찾는 건 일종의 지배 이데올로기다.

벼락이 어디로 내리칠까 찾느라 눈을 두리번거린다

얼마나 재미난 표현인가. 벼락이 어디로 내리칠까, 눈치를 보며 궁리 중이라니. 고대인들은 그렇게 어느 경계에도 머물지 않고, 자유롭게 세상을 바라봤다. 유학의 강박에서 벗어난 벼락은, 비로소 자유를 얻는다.

무엇보다 우리를 놀라게는 하지만 곧 벼락처럼 사라지는 일들이 우리 주위엔 많다. 한번 놀라면, 그것으로 끝인 일들이 생각보다 많다. 잊어도 될 일들을 계속 소환해 두려움으로 자신을 위축시키는 건 문명의 병이다. 벼락 따위에 위축되지 않았던 고대인들의 건강함을 회복하면 좋을 것 같다.

52. 중산간; 멈춰라, 흔들리지 않는 저 산처럼

어느 새벽, 마음이 편치 않아 주역을 펼쳤다. 오늘은 어떤 괘가 나에게 말을 걸까. 어떤 위로의 말을 건넬까. 내가 처한 상황을 어떻게 풀어주고, 어떤 처방을 제시할까. 오래된 점사들을 다 믿진 않는다 해도, 주역을 펼치는 새벽의 마음은 제법 절실했다.

산이 중첩한 상(象)이다,
멈춘다

깊은 고민 끝에 자기 자리를 벗어나지 않기로 한다

아포리즘과도 같은 짧은 문장에 힘이 넘친다. 군더더기랄 게 없다. 어기면 무슨 일이라도 생길 것 같은 단호함이 나를 긴장시킨다. 늦가을의 서릿발 같은 문장들이다.

먼동 트기 전 새벽어둠 속에서 고민한다. 너무 서둘렀던 것일까. 나아가려고만 했던 것일까. 지금 멈춰야 하는 걸까. 아직 어둑한 중에 그런 생각들을 하다가, 그 생각들마저도 멈추기로 했다.

52번째 중산간(重山艮) 괘는 중후하다. 언제나 제자리를 지키는 산들처럼 멈추라 말한다. 산들이 중중첩첩 겹쳐 '중산'이다. 멈추라는 뜻의 '간(艮)'이 괘 이름이다. 중산간 괘에서 우리는 멈추고 삼가는 일의 중요성을 배운다.

중산간 괘는 멈춤의 중요성을 인상적인 장면 하나로 극명하게 보여준다. '간기배 불획기신(艮其背 不獲其身)'이란 문장이 등장한다. 적의 등이 바로 눈앞에 있는데(其背) 딱 멈춘다(艮). 그의 몸을 취하지 않는다(不獲其身).

원수를 만났다. 그는 등을 돌리고 있다. 내 손엔 예리한 칼이 들려 있다. 그 칼로 그를 단번에 없앨 수 있다. 그러나 눈 질끈 감고 훗날을 기약한다. 기나긴 세월의 분노와 노여움을 툭, 내려놓고 만다.

그 정도는 되어야 멈춘다고 할 수 있다. 그런 자제력을 갖고 있다면, 삶의 판도는 크게 달라질 것이다. 주역의 편집자들 역시 그런 점을 놓치지 않았다.

움직이고 그치는 데 있어, 때를 놓치지 않으면
그 도리가 빛나고 밝다

멈출 줄 알면 세상이 달라진다.

가속이 있고, 관성이 있다. 계속 나아가는 건 그리 어려운 일이 아니다. 앞으로만 나아가려는 욕심을 눈 딱 감고 접으면, 얼마 후 눈을 떴을 때 새로운 우주가 펼쳐진다.

스물두째 날 ────────────────

바람이 전하는 말

점·귀매·풍·려

바람이란 말을 좋아했다. 어디에도 걸리지 않고 어느 곳에든 있다. 언젠가 한자 사전에서 '바람 풍(風)'을 찾아 뜻을 살폈다. 자연을, 사람 사는 세상을 이리저리 넘나든다. 바람이란 뜻은 기본이다. 가르침, 풍속, 경치, 기질, 감기, 기세, 절조, 노래, 뜻, 소식, 멋대로, 감화시킨다, 외운다, 떠돈다……. 어떤 단어가 이렇게 다양한 뜻을 가졌을까, 자유로울까?

갑골문으로 한자 '風'의 연원을 거슬러 오르면 봉황이 나타난다. 상상의 봉황을 형상화한 글자다. 봉황의 날갯짓을 바람의 근원으로 본 고대인들의 상상력을 접하는 순간, '風'이란 글자는 크게 회오리치며 하늘로 솟아오른다. 우주를 넘나드는 다양한 뜻에 신비의 광휘까지 두른다.

'風'을 '간체'로는 '风'으로 쓰고 '펑' 정도로 발음한다. 개인적으론,

추상화처럼 생긴 이 글자까지를 좋아한다.

53. 풍산점; 스며들다, 하나가 되다

 바람의 등장은 처음이 아니다. 주역에서 바람은 슬프고 기쁜 지상의 사정들을 관조하며(풍지관, 風地觀) 세상을 떠돌았다.

그 바람이 이제 산 위에 머문다. 주역은 바람-산의 형상을 보여주며 서두르지 않는 삶, 순리에 따르는 삶을 권한다. 53번째 풍산점(風山漸) 괘는 한 편의 시 같은 영상으로 채워져 있다. '점(漸)'은 물들이고, 적시고, 감화시킨다는 뜻이다. 64괘 중 보기 드물게 일관된 이미지의 흐름을 유지하며 서정적 풍경을 만들어 낸다.

기러기 한 마리가 서서히 날갯짓을 시작한다. 기러기는 물가를 지나, 바위를 넘어, 뭍에 오르더니, 잠시 쉴 만한 나뭇가지를 찾지만, 이내 먼 언덕을 바라보다가 자취를 감춘다. 망망대해와 한 계절을 헤치고 온 기러기 한 마리가 아주 잠깐, 사람들의 땅에 머물다 하늘로 사라지는 얘기다. 괘가 전하는 말은 그게 모두다.

전통적인 해설은 풍산점 괘를 연애 이야기로 푼다. 한 남자에게 향하는 여자, 또는 한 여자에게 다가가는 남자의 여정이란 설명이다. 풍산점 괘는 만남의 괘, 연애의 괘로 통한다.

하지만 기러기의 비행에 집착할 필요는 없다.

집착을 놓을 때 속 깊은 가을바람(風)이 낮게 깔린 산(山)을 서서히 물들이기 시작한다. 주역을 복잡하게 생각하지 말자. 그저 보이는 대로, 보는 게 좋다. 그렇게 직관에 충실할 때, 풍산점 괘는 아무런 주저 없이 단풍 들어 붉은 가을 산들을 우리 앞에 펼쳐 놓는다.

해마다 가을이면 바닷가 설악산으로부터 시작해, 북한산과 속리산을 거치고, 내장산과 지리산을 물들인 후, 월출산을 스치고 한라산으로 남하하는 단풍의 물결을 상상해 보라. 서두르지 않는, 그러나 거스를 수 없는 도도한 기운에 온 산하가 붉게 물든다.

무언가를 물들이는 건, 그 대상의 깊은 곳까지 스며들어 가는 것이다. 해마다 가을 단풍은, 물들이고 스며드는 일의 신비를 알려준다. 사람 사는 세상도 단풍 든다. 누군가를 물들이고, 누군가에게 스며드는 일만큼 신비한 일이 있을까.

가을 단풍은 신비를 꿈꾸게 한다.

54. 뇌택귀매; 고요히 숨어 사는 사람

'정치적으로 올바르게(politically correct)' 생각하고 또 살아야 한다고 다짐하는 편이다. 권력이나 지위에 따라 편견을 갖지 않으려고, 다수·소수의 허울

에 현혹되지 않으려고 애쓰며 산다. 주역의 54번째 뇌택귀매(雷澤歸妹) 괘는 주역의 몇몇 다른 괘처럼 '정치적 올바름' 측면에선 좀 거슬린다.

젊은 여자(妹)를 등장시켜 결혼(歸) 얘기를 들려준다. 하지만 시대의 한계를 벗어나지 못한다. 어린 처녀가 혼기를 놓치고, 나이 든 남자와 결혼하고, 첩으로 보내지고 하는 식이다. 당시의 관행을 정리한 듯, 한 여성의 결혼 얘기를 점사로 제시하고 있다.

그러나 정치적으로 올바르지 못한 옛날식의 악의 때문에 곤경에 처한 젊은 여성은, 홀연히 시대를 뛰어넘는 메시지를 남긴다.

외눈박이가 잘 본다,

고요히 숨어 사는 사람의 자세를 지키면 이롭다

외눈박이란 표현은 심한 외로움을 형상화한 것으로 보면 되겠다. 홀로 된 상황이다. 치유하기 힘든 상처를 입었을 수도 있다. 어떤 이유로든 불가피하게 '고요히 숨어' 살아야 하는 상황은 비극적일 수도 있으나, 그 적막과 은둔이 나쁜 것만은 아니다. 한 시절을 고요히 지내며 자기 내면에 머물 수 있다면 얻는 것도 있다.

물러나 있어야, 화려했지만 부질없던 것들을 내 안에서 솎아낼 수 있다. 오랫동안 버려지고 잊혔으나 사실은 소중했던 그 무엇을 다시 찾을 수 있다. 세상에서 물러나 조용히 지내는 사람들만이 갖는 특권이다.

세상 밖에 머물면서 보는 세상은 세상 안에서 보는 세상과는 다르다고 뇌택귀매 괘는 일러준다.

55. 뇌화풍; 해는 기울고, 달은 이지러지고

 55번째 뇌화풍(雷火豊) 괘는 이름처럼 풍성(豊盛)하다. '풍(豊)'은 풍년이 든 상황을 뜻한다. 벼락(뇌)과 번개(화)가 동시에 치며 세상은 떠들썩하다. 무엇이든 무성하고 풍부하고 가득하고 넉넉하다. 괘에는 좋은 말들이 넘쳐난다.

풍성하다, 형통하다, 왕이 나타난다,

걱정하지 말라,

해는 중천에 뜬다

달리 더할 게 없다. 태양이 작렬한다. 사방이 환하게 빛난다. 시들었던 것들이 생기를 되찾는다. 대풍(大豊)을 예감한다. 형통할 것이라 한다. 걱정하지 말라 한다. 그런데 대뜸 기묘한 메시지를 던진다. 상황을 반전시킨다.

일중견두(日中見斗)

해가 중천에 떴는데(日中) 북두칠성을 본다(見斗)……. 천지를 가득 채웠던 햇빛이 순식간에 사라진다. 깜깜한 밤이 된다. 하늘 북쪽의 일곱 개 별이 뜨는 것은 그때다. 칠흑 같은 어둠이어야 별이 뜬다.

괘의 형상도 그때쯤 감춰두었던 본색을 드러낸다. 뇌화, 벼락에 번개였다. 벼락 일고 번개 치면 하늘은 순간적으로 밝아지지만, 다시 어둠이다. 빛은 폭발하듯, 짧은 절정을 이루었다가 이내 사라진다.

절정은 늘 쇠락의 전조다.

주역은 벼락과 번개와 태양과 북두칠성이 공존하는 뇌화풍의 상황을 관찰하며 기막힌 철학을 토해낸다.

해는 뜨자마자 기울고 달은 차자마자 일그러진다
천지는 찼다가 비고, 시간은 쇠했다가 살아난다
하물며 사람이랴! 하물며 귀신이랴!

해도, 달도, 우주도, 시간도 영속하지 않는다. 다시 한번, 절정은 쇠락을 부른다. 차면 기운다. 귀신도 어찌 못하는 일이다.

56. 화산려; 다 떠돈다

주역에서 불은 불덩이였고, 태양이었다. 태양의 서사는 강력하고 간명했다.

복습해 본다. 태양은 지평선을 뚫고 서서히 솟아올라(화지진, 火地晉), 하늘 높은 곳에서 빛을 발한다(화천대유, 火天大有). 그러나 다시 땅으로 내려오며 사람들과 연대하고(천화동인, 天火同人), 땅속으로 숨어들어 지친 몸을 추스른다(지화명이, 地火明夷).

웅혼한 태양의 궤적과는 다른, 그러나 중요도에서 뒤지지 않는 불의 이야기가 하나 남았다. 56번째 화산려(火山旅) 괘의 사연이다.

화산려는 하늘에서 떨어진, 어쩌면 태양의 파편이나 흔적 같은 불의 이야기다.

화산……, 산 위로 불이 떠돈다. 작은 산불이라도 난 걸까. 아니면 유령처럼 깊은 밤 산속을 헤집고 다니는 도깨비불일까. 화산려는 괘의 이름 '여(旅)'처럼 여행자(旅行者)의 괘다. 어디에도 발붙이지 않는, 그 휘황찬란한 불이 산 이곳저곳을 옮겨 다니는 중이다.

주역 마니아였던 공자가 하루는 평생 운을 알고 싶어, 시초를 들고 하늘의 뜻을 물었다. 화산려 괘가 나왔다.

공자의 심정이 어땠을까.

그는 노년에 가까운 나이에 제자들과 함께 대륙을 떠돌았다. 천하주유(天下周遊)라는 멋진 이름, 그러나 거칠고 남루했던 정치적 고행, 방랑……. 공자는 화산려 괘를 받고 나서 허탈하게 웃었을 것만 같다.

그러나 생각해 보면, 공자가 아니어도 떠돌지 않는 인생이 있을까. 기약 없이 던져진 이 세상에서, 우리는 모두 결과를 알 수 없는 행보를 거듭한다. 크고 작은 방황과 방랑으로, 하루하루 길을 내간다. 그 무작위의 행보가 삶이다.

화산려는 우리 모두의 평생 운이다.

누구든 다 떠돈다.

스물셋째 날

현명한 제약이
우리를 자유롭게 한다

손·태·환·절

"사주가 아무리 좋은 사람도, 절제 잘하는 사람은 못 당한다."

일본의 유명한 역학자가 들려주는 말이다. 사주의 기법, 사주가 알려주는 조언들이 복잡해 보이지만, 한마디로 줄여도 무방하다. 사주는 체계 전체로 절제를 강조한다.

사주 하는 사람들은 절제 대신 중화(中和)라는 용어를 쓴다. 목화토금수 오행의 균형이 중화다. 어느 하나의 오행 요소가 다른 오행들을 제압하고 있으면 나쁜 사주다. 오행이 골고루 섞여 중화되어야 좋은 사주다.

그런데 '골고루 섞인'다는 건 다섯 요소가 서로를 침해하지 않고 공존한다는 뜻이다. 서로를 침해하지 않으려면, 각자가 자제해야 한다. 다섯 요소가 서로 자제할 때만, 중화가 가능하다. 사주의 중화는, 내밀한 곳에 절제를 묻어두고 있다.

주역은 64괘의 막바지에서 절제를 화두로 꺼내 든다. 스물셋째 날 공부를 통해 주역의 절제가 어떤 형상의 괘에 담기는지 알게 된다.

앞서 스물두째 날의 만남에서 거창하게 '바람론'을 꺼내 들었다가 주춤한 느낌이다. 바람이 전하는 사연도 좀 더 이어간다. 두 종류의 전혀 다른 바람이 등장한다.

못다 했던 바람 이야기에서 시작한다.

57. 중풍손; 바람은 머물지 않는다

거듭되는 바람이 주역의 57번째 괘 중풍손(重風巽)이다. 바람이 겹쳤으니, 괘에는 주역의 편집자들이 생각한 바람의 특성이 강하게 묻어난다. '손(巽)'은 부드러움을 뜻한다. 중풍손 괘는 부드러움을, 순종적이고, 부끄러워하고, 머뭇거리고, 우유부단한 쪽으로 확장한다. 지나치게 소극적인 모습으로 '바람'을 해석한다. '손(巽)'이란 한자어에 바람을 가두었달까. 점사들도 그 맥락을 벗어나지 않는다.

나아가는 듯 물러난다

중풍손 괘가 수줍게 던지는 메시지가 '진퇴(進退)'다. 앞으로 나아가는 듯하더니 곧 물러나고 만다. 중풍손 괘의 바람은 휘몰아치거나 강하게 밀어붙이지 않는다.

평상 아래 공손히 있다

침상인지 책상인지 모르겠으나 평상 아래에 머문단 말이 두 차례 등장한다. 몸을 낮추는 것으로 바람의 행태를 설명하는 것이다. 나서지 않고, 낮은 포복으로 시절을 견디는 것이 주역이 생각하는 바람의 도리다. 그런 움츠림은 한세월 처세로야 적당할지 모르지만, 계속 지니고 살 태도는 아니다. 너무 오래 움츠리면 병난다.

중풍손 괘를 볼 때마다, 바람의 본래 기세를 '손'의 좁은 울타리로부터 풀어주고 싶어진다. 봄에는 산들바람이었다가도, 여름·가을 지나며 태풍도 되고 허리케인도 되는 게 바람이다. 겨울에 저 멀리 북쪽 시베리아에서 몰려오는 차디찬 바람은 또 어떤가. 바람은 살을 엘 정도로 무섭다. 바람은 누구의 제지도 받지 않는다. 어디로든 분다.

바람은 그러니까 자유자재하다. 부드럽기도 하고 강하기도 하다. 순종적이었다가 광폭해지고, 부끄러워하다가 활달해지고, 머뭇거리고 우유부단하다가 때를 보아 과감히 치고 나간다. 그게 바람의 속성이다. 바람은 순종이 아니라, 거침없는 활보의 상징이다. 주역이 전하는 말을 잠깐 잊으면 또 어떤가.

상심과 우울을 달래기 위해 하늘의 뜻을 묻다가, 중풍손 괘를 받고는 혼자 조용히 웃은 적이 있다. 주역의 괘사와 효사에 담긴 바람의 부드러움과 유순함을 죄다 무시하고, 창밖으로 눈을 돌렸다. 그리고 바람의 진짜 흔적을 찾았다. 흔들리는 나뭇가지와 잎새, 바닥에 뒹구는 낙엽, 날개 펼치고 먼 하늘을 나는 새들, 그리고 때때로 사람을 놀라게 하는 강풍의 자취까지…….

바람같이 떠도는, 정처 없는 삶을 꿈꾸었지만 정신 차리고 나니 도로 제자리다. 그러나 잦아는 들어도 멈추지 않는 게 바람이다. 바람은 항상 불고, 세상은 쉴 새 없이 변한다.

바람은 움츠리지도 머물지도 않는다.

58. 중택태; 두 사람의 웃음

주역은 방향을 틀어 인생의 선용(善用)에 관해 얘기한다. 58번째 괘 중택태(重澤兌)는 삶의 환희에 관해 이야기한다. 삶의 기쁨, 재미는 어디서 올까.

함께하니 기쁘다

주역의 처방은 단순하고 명쾌하다. 중택태 괘는 '화태(和兌)'를 말한다. 함께하니(和), 기쁘다(兌). 써놓고 보니 단순하기 이를 데 없지만, 세상의 모든 비급은 단순하다. 진리는 단문이다.

만남과 동행이 삶을 기쁘게 만든다. 혼자서는 안 되는, 함께해야만 얻을 수 있는 게 삶의 기쁨, 즐거움이다. 세상의 우울은 대개 자폐로부터 온다.

수십 년을 무표정으로 일관하던 한 사람을 안다. 삶의 즐거움을 멀리하려고 작정한 듯했다. 먼 옛날에 그는 갑작스럽게 피폐해진 환경에 당황했다. 그는 그때 그 환경에 동화되면 자신도 피폐해지리란 걸 직감했다. 그래서 자신을 폐쇄했고, 환경에 무감해졌다. 무표정한 그의 얼굴은 자폐의 잔여물이다.

외부 세계에 대해 문을 닫으면, 삶을 즐겁게 할 어떤 재료도 만나지 못한다.

그는 최근 오랜 자폐와 무감에서 벗어났는데, 사람들을 만나면서부터다. 한 사람을 만난다는 건, 외부로 열린 창을 하나 갖게 되는 것이다. 바깥으로 열린 창들을 통해 우리는 삶을 기쁘게 해줄 재료들을 공급받는다. '화태'는 즐거움을 선사하는 주문이다.

중택태 괘가 보여주는 이미지 자체가 어울림을 뜻한다. 나란히 붙어 있는 작은 연못이 '중택'의 형상이다. 이걸 보고 상상에 능한 이들은 천진한 소녀 둘이 웃으면서 방긋 벌린 입을 끌어다 놓는다. 주역에서 '태(兌)'는 말(언어)과 소녀를 동시에 품는다.

두 사람이 뜻을 맞춘 뒤, 나란히 선 채 환하게 웃으며 기뻐하는 게 중택태의 이미지다. 점사의 '화태'는 이미지에 맞춤한다. 서로 통하면 사는 게 그렇게 기쁘고 즐겁다. 환경에 대한 두려움, 무감이라는 고질병을 날려준다.

삶이 기쁘지도 즐겁지도 않다면, 마음을 터놓을 수 있는 사람부터 만나야 한다. 기쁨에 찬 어린아이처럼 서로를 안아 줄 수 있는, 함께 웃으며 삶의 가을과 겨울을 헤쳐 나갈 수 있는 사람을 만나는 일만큼 소중한 게, 이 세상엔 없다.

59. 풍수환; 강풍이 바다를 흩뜨리듯

마지막 바람 얘기다. 바람이 또 다른 본색을 드러낸다. 59번째 풍수환(風水渙) 괘의 바람은 난폭하다. 세상을 관조하던 바람이, 물러나기 좋아하던 바람이 돌변해, 바닷물을 흩뜨리고 파도를 일으킨다. 풍수환 괘가 전하는 풍경은 거칠다.

주역은 지상의 평온을 깨며 풍파를 일으키는 바람을 불러다 놓고는 고도의 정치적 메시지를 내놓는다.

군중을 흩뜨려라

성난 바람과 그로 인한 혼란을 변화의 계기로 삼으란 암시다. '무리를 흔들라(渙其群, 환기군)'는 풍수환 괘의 메시지를 볼 때마다 생각나는 인물이 있다. 1934년 가을부터 1년에 걸친 대장정으로 대륙 전체를 뒤흔든 현대 중국의 기획자 마오쩌둥(1893~1976)이다.

홍군(紅軍)을 이끌고 대륙을 석권한 마오쩌둥은 '어지러울 난(亂)'이란 글자를 좋아했다. 혼란이 있어야 무언가 만들어진다는 걸 그는 체험으로 알았다. 도망과 도발이 뒤섞인 대장정으로 대륙 전체를 흩뜨려 놓은 다음에야 그는 공산 혁명으로 중국을 통일할 수 있었다. 바람이 바다를 헤집으며 너울을 일으키듯, 그는 대장정으로 대륙을 뒤흔들었다.

그런데 풍수환 괘가 전하는 흩뜨림의 절정은 다른 데 있다. 주역은 풍수환 괘를 통해, 웬만해선 상상하기 어려운 파격의 메시지를 함께 전한다.

자기 자신을 흩뜨려라

주역의 메시지는 심오하고 내밀하다. 변화를 꾀한다면, 자기 자신부터 흔들어야 한다(渙其躬, 환기궁). 모든 변화의 기폭제는 내 안에 있다.

자그마한 변화는 현상 유지 속에서도 가능하지만, 큰 변화는 혼란을 전제로 한다. 주변과 나를 흩뜨리지 않고는, 전면적 변화를 이룰

수 없다. 크게 잃어야, 크게 얻는다.

변화는 물론 불안한 일이다. 그런 불안을 의식한 듯 풍수환 괘는 "흩뜨리고 나면 언덕이 생길 것"이라 위로한다. 그리고 다시 단언한다.

후회는 없다

'무회(无悔)'라는 짧은 단어가 건네는 위로는 강렬하다. 자기 자신을 힘껏 흔들어라. 후회는 없을 것이다.

60. 수택절; 절제의 소중함

 이제 60번째 괘다. 주역 공부가 종반으로 치닫는 중이다. 주역은 느지막이 '절제'라는 가치를 화두로 꺼낸다.

수택절(水澤節) 괘의 형상에 관해선 이미 얘기한 적이 있다. 사대난괘 중 하나인 택수곤 괘에 관해 얘기하던 중이었다. 호수(澤) 밑으로 물(水)이 깔려 마른 바닥이 드러난 가뭄의 괘가 택수곤이었다.

고통스럽던 가뭄 끝에 반가운 비가 내리고 물(水)이 호수(澤) 표면으로 다시 올라가 찰랑찰랑하는 그런 시절이 오면 얼마나 좋을까. 그런 바람을 담은 괘가 수택절이다. 호수 밑으로 물이 깔린 '택-수'와 반대로, 물이 호수 위로 적당히 차 있는 상황이 '수-택'이다. 넘치지도 않고, 모자라지도 않는 적절한 수위……. 수택절 괘가 담고 있는 형상이다. '절(節)'은 절제한다는 뜻이다.

수택절 괘가 던지는 절제의 메시지는 독특하다. 주역의 편집자는 먼저 "안뜰에서 나가지 말라"고 조언한다. 그리고는 "바깥뜰에서 나가지 말라"고 덧붙인다. 안뜰과 바깥뜰은 모두 경계다. 경계를 넘지 않고, 스스로를 집에 가둘 줄 아는 게 주역이 그리는 절제의 형상이다. 그렇게 경계를 정하고 경계의 안에서 머물며 '뜰 바깥'을 바라볼 때 어떤 일이 벌어질까.

통하는 것과 막힌 것을 알게 된다

수택절 괘는 '지통색(知通塞)'을 말한다. 허용된 것과 금지된 것이 동시에 드러난다. 외출을 자제하고 조용히 시절의 흐름을 관망한다. 그렇게 안에서 관망하고 있으면 바깥에서 할 수 있는 일과 할 수 없는 일을 구분할 혜안이 생긴다. 그러나 외출을 지나치게 삼가선 안 된다. 과도한 절제 역시 문제다.

때를 완전히 잃어버린다

주역은 기회의 상실을 '실시극(失時極)'이란 말로 표현한다. 때를 놓치는 실수(失時)가 극(極)에 달한 상태를 말한다. 그러니 과도한 절제 또한 절제해야 한다. 과도한 절제는 모든 기회를 잃게 만든다. 외출을 너무 자제하다가, 영영 못 나가게 된다.

그렇다면 적절한 자제와 과도한 자제는 어떻게 구분할까. 스스로, 대강, 경험칙으로 판단한다. 조짐과 기미를 보고 알 뿐이다. 그래서 하는 게 주역 공부다. 작은 것에서 큰 것을, 가까운 것에서 먼 것을, 여기 있는 것으로 저기 있는 것을 짐작할 수 있게 해주는 게 주역이다. 주역은 조짐과 기미에 대한 성찰이다.

현명한 제약이 우리를 자유롭게 하리라

법(法)의 효용을 표현하는 문장이다. 언젠가 하버드 법대의 졸업식에서 총장이 학생들에게 들려준 말이다. '현명한 제약' 한마디에 담긴 사유와 내공이 만만찮아 보인다.

법 얘기를 꺼내는 건, 그게 '고도화된 절제'의 한 방식이기 때문이다. 법은 아주 오래된, 절제의 사회적 양태다. 작은 글씨로 빼곡한 법조문들을 보고 있으면 답답하고 현기증 난다. 그러나 그런 '제약'들이 우리를 자유롭게 한다. 추상화된 절제의 메시지들을 지켜 가는 동안, 그렇게 내가 자신의 행위를 스스로 제약하는 동안, 나는 내면으로부터 자유로워진다.

  절제란 게 그렇다. 무언가 참고, 아끼고, 숙고하는 일이 갑갑하게 느껴지지만, 사실은 엄청난 위력을 우리에게 건넨다. 절제 하나만 잘해도, 세상살이가 달라진다는 것은 사람살이에 대한 약간의 관찰만으로도 알 수 있다. 절제가 타고난 사주를 능가한다는 일본 역학자의 깨달음은 가볍지 않다.

스물넷째 날 ─────────

어린 여우가
강을 건너려는데

중부·소과·기제·미제

주역의 출발점에 건과 곤이라는 이름의 웅혼(雄渾)한 괘가 있었다. 중천건은 용의 장대한 서사를 통해 한 사람의 생애, 한 문명의 역사, 우주의 시종(始終)을 그리려는 듯했다. 중지곤은 보이는 세계 이면의 은밀하고 부드러운 힘의 존재를 일깨웠다.

주역 64괘의 마지막에는 '기제'와 '미제'라는 매력적 사유가 등장한다. 흐르는 강물 이편과 저편의 차이, 단절, 회복에 관한 얘기들이다. 세상엔 언제나 강을 건너는 이들과 건너지 못하는 이들이 있다.

완성과 미완성의 매혹적인 변증법이, 주역의 끝자락에서 용틀임하듯 꿈틀거린다.

그에 앞서는 두 괘도 주역이라는 방대하고 긴 여정의 종결에 대해 아쉬움을 감추지 못한다.

61. 풍택중부; 당신과 오래도록 술을 나누리라

 혁명 전야와 같은 분위기로 텍스트 전체의 분위기를 거칠게 몰아붙이던 주역의 편집자들이, 막판에 이르러 의외의 말을 던진다.

내게 좋은 술이 있다, 당신과 그 술을 비우리라

61번째 괘 풍택중부(風澤中孚)의 메시지는 허심탄회하다. 심중(中)의 굳은 믿음(孚)이 중부다. 그 두터운 믿음은 어디에서 발원하나. 어떤 모양새로 발현하나. 그와의 술 한 잔이 믿음의 출발이다. 자그마한 잔에 담긴 한 잔 술과 향에서 고운 믿음이 배어 나와 여문다.

술은 사람을 취하게 한다. 묽게 만든다. 좋은 술을 가운데 두고 마주 앉은 두 사람은 조만간 사라질 운명이다. 경직된 자아를 버리고 해묵은 고집을 떨쳐낸다. 내가 사라진 자리에 그가 남는다. 그가 사라진 자리에 내가 남는다.

두 사람이 홀연히 사라진 자리에 붉은 꽃 하나 피어난다. 붉디붉은 꽃, 그 상처 같은 믿음으로 두 사람은 하나가 된다.

큰 강을 건너도 이롭고, 굳게 자리를 지켜도 이롭다

이섭대천(利涉大川)과 이정(利貞), 서로 너무나 이질적이어서 여간해선 만날 일 없던 두 개의 말이 믿음으로 결합했다. 먼 길을 떠나도, 머물러도 좋다고 한다. 어디에 있어도 마음속 굳은 믿음으로 한 시절을 난다. 조용히 깍지 낀 손만으로 거친 세월을 이겨나간다. 시간과 공간을 무력하게 하는, 법칙을 뛰어넘고 섭리를 초월하는 심지(心志) 같은 게 세상엔 있다.

믿음으로 얽히고설킨다,

허물이 없다

모두 잊고 술 한 잔 나누는 그 흔쾌한 자리에, 이기(利己)를 버린 믿음만이 서로를 휘돌고 감싼다. 믿음으로 결박된 두 사람에게 무슨 허물이 있겠나. 모든 과오와 장애를 뚫는 붉은 심지만 남는다.

62. 뇌산소과; 스칠 뿐 만나지 않는다

TV에서 다큐멘터리를 보는데 누군가 한 천문학자에게 묻는다. "우주엔 별이 모두 몇 개인가요?"
천문학자가 슬며시 웃는다.

그이라고 알겠는가. 그는 태양계의 별, 은하계의

별에 관해 설명하다 주춤한다. 그리곤 대뜸 지구의 모래알 얘기를 꺼냈다. 지구의 모래 수가 한량없을 것 같지만, 우주의 별은 아마 그보다 많을 거예요…….

지구에 있는 모래알은 모두 몇 개일까. 알아낼 방법이 있을까. 먼저 1m² 안에 들어갈 수 있는 모래 알갱이의 수를 센다. 모래는 바다에 깔려 있으니, 바다의 면적과 바다 밑 땅의 평균 깊이를 측정한다. 이런 식으로 지구의 모래알 수를 추정할 수 있을까.

지구의 모래알이나 우주의 별들엔 못 미치겠지만, 세상의 일들도 만만찮은 경우의 수를 갖는다. 80억 명의 사람들이 초 단위로 생각과 감정을 바꾸면서, 다른 사람들과 맺는 관계의 조합은 그 경우의 수가 상상을 초월한다. 세상사는 그래서 복잡하고 내 통제 범위를 벗어난다. 세상에 자그마한 파문이라도 일으킬 인간의 자유의지는 칸트, 헤겔이 살던 '순수의 시대'에나 통하던 개념일지 모른다.

밀운불우(密雲不雨)를 기억하실지 모르겠다.

먹구름 빡빡한데 비는 오지 않는 상황이었다. 그런 상황은, 사람이 해결할 수 있는 게 아니란 말을 들려드렸다. 사람은 그저 스파크가 될 수 있는 작은 일들을 행할 뿐이다. 62번째 뇌산소과(雷山小過) 괘는 세상을 어떻게 살아가야 좋을지 간단한 공식처럼 정리해 충고한다.

가소사 불가대사(可小事 不可大事)

작은 일은 되지만(可小事), 큰일은 안 된다(不可大事).

주역은 일반론을 제시하는 텍스트가 아니다. 흘러가는 시간 속에서 특정한 상황을 건져내 보여주고, 상황에 맞는 처세를 암시한다. 하지만 "작은 일은 되고, 큰일은 안 된다"는 주역 후반부의 아포리즘은 주역 전체를 관통하는 얘기로 격상시켜도 문제 될 게 없을 것 같다.

세상과 우주 모두, 우리가 상상할 수 없을 만큼의 복잡성을 가지고 흘러간다. 그 속에서 사람이 할 수 있는 '큰일'은 원천적으로 봉쇄된다. 사람은 어떤 상황에서든 아주 작은 일만을 할 수 있을 뿐이다.

그런 생각을 하며 뇌산소과 괘를 들여다보는데, 매혹적인 표현 하나가 모습을 드러낸다.

스칠 뿐 만나지 않는다

'불우과지(不遇過之)'를 그렇게 풀었다. 만나지 않고(不遇), 스친다(過之)······. 이렇게 특이한 점사가 등장한 배경은 짐작하기 쉽지 않다. 어떤 상황이었을까. 자신의 정체를 드러내지 않고, 적을 정탐해야 하는 상황일까. 집안의 원수에게 복수를 꿈꾸지만 아직은 훗날을 도모해야 하는 그런 상황일까.

모르겠다. 다만 사람들과의 만남에 지친 심신을 안정시키는 처방으로 '스칠 뿐 만나지 않는다'는 말을 품는다. 살면서 짊어져야 하는 짐 중 하나가 사람들과 만나면서 생기는 애증이다. 인연에 몰입하다가, 그 인연으로 인해 힘들어한 적이 여러 번이다.

그럴 때마다 속으로 되뇐다. 스칠 뿐, 만나지 않는다.

주역은 그러나 '불과우지(不過遇之)'도 함께 말한다. 지나치지 않고(不過) 만나야 할(遇之) 때도 있다.

63. 수화기제; 돌이킬 수 없다

주역이 긴 여정을 끝내려는 참이다. 여정의 끝에서 주역이 홀가분한 풍경 하나를 제시한다.

강을 건넜다

주역의 63번째 괘는 수화기제(水火旣濟)다. 이미(旣) 강을 건넌(濟) 상황을 보여준다.

강을 건너면 그걸로 끝이다. 돌아오지 못한다. 모든 강은 '레테의 강'이다. 그리스 신화에서 저세상으로 가려면 다섯 개의 강을 건너야 한다. 그중 레테의 강은 망각의 강이다. 레테 강의 물을 한 잔 떠 마시면, 지난 일을 모두 잊는다. 이 세상의 사연들이 하얗게 사라지는 것이다.

64괘의 배열에서 차지하는 위치와 "이미 건넜다"는 메시지로 인해, 기제는 완성의 괘로 통한다. "이미 건넜다"는 말은 "다 이루었다"는 말과 상통한다.

하지만 수화기제 괘는 일이 잘되고 못되고를 따지지 않는다. 인간들의 가치에 하늘은 무심하다. 주역은 제시한 뒤 관망할 뿐이다. 사람의 일을 말하되 사람의 일로부터 거리를 둔다.

수화기제 괘는 다만 "돌이킬 수 없다"고 담담하게 읊조린다. "당신은 이미 강을 건넜다"고 무표정하게 말한다. 그뿐이다. 당신은 이미 강을 건넜다.

그래도 인간적 가치를 뽑아내야 할까. 수화기제 괘는 비애를 얘기한다. '초길종란(初吉終亂)'이라고 짧게 말한다. 처음엔 좋았으나(초길), 마지막엔 혼란이다(종란). 더 심한 메시지도 등장한다.

술이 머리끝까지 적셨다, 위태롭다

우려도 흥분도 다 부질없다. 집착일 뿐이다. 모든 끝은 좋기도 하고 나쁘기도 하다. 돌이킬 수 없을 뿐이다. 상황은 이미 끝났다.

이 같은 상황에서 궁극의 처세는 체념이다. 체념은 때로 모든 인간적 가치의 위에서, 인간을 위로한다.

강을 건넜으면, 돌아보지 않는다.

64. 화수미제; 돌이킬 수 있다

주역의 피날레는 진한 페이소스(pathos)에 휩쌓여 있다.

주역의 첫 번째 중천건 괘와 두 번째 중지곤 괘에 주역의 모든 게 담겨 있다고들 하지만, 주역의 64번째 괘 화수미제(火水未濟)야말로 주역의 본질을 드러낸다. 거대한 용이 출발시켰던 주역을, 어리고 여린 여우 한 마리가 끝낸다.

주역은 용의 서사로 시작해, 여우의 비애로 끝난다. 화수미제 괘는 어린 여우의 사연을 담고 있다.

먼 길을 달려온 여우 한 마리가 자신을 가로막은 강 앞에서 멈춰 섰다. 잠시 고개를 돌려 그동안 걸어왔던 머나먼 길을 추억한다. 이제 다 이루었다. 저 강만 건너면 유랑과 방랑은 끝난다. 그는 홀가분한 몸짓으로 강 저편을 향해 몸을 날린다.

어린 여우가 강을 막 건너려는데,
그만 꼬리를 적시고 말았다

대장정을 마무리하는 순간, 주역은 미완(未完)의 상황을 제시한다. 여우는 무사히 강을 건너야 한다. 그렇게 삶의 한 과정을 마무리한다. 새로운 삶이 시작될 것이다. 그런데, 강을 다 건너려는 순간 그만 꼬리를 적시고 만다.

완결일 줄 알았다. "이미 강을 건넜다"고 63번째 수화기제 괘는 선언했다. 그런데 끝이 아니었다. 주역의 편집자들은 거친 여정을 끝내고 강을 건너려는 여우 한 마리를 찾아내 수화기제의 사연을 구체적 상황으로 펼쳐 보여주려는 것 같았다. 그런데 뜻밖의 결론을 내놓는다.

강을 건너지 못했다

미제(未濟)……, 건너지(濟) 못했다(未)는 고백은 충격적이다. 강을 건너지 못한 여우는 원망의 눈빛으로 오랫동안 자기 꼬리를 쳐다본다. 강을 건너야 했는데, 그간의 여정을 정리했어야 하는데, 새로운 국면을 위해 완결과 단절이 필요했는데…. 그러나 우리의 어린 여우는 잠깐의 회한을 뒤로하고, 다시 고개를 든다. 그 예쁜 눈을 초롱초롱 빛내더니 다시, 가볍게 발걸음을 옮긴다. 물에 젖은 꼬리를 툭툭 턴다.

완결은 정체다. 미완만이, 흠결만이, 아쉬움만이, 회한만이, 아픔만이 사람을 역동적으로 만든다. 후퇴 없는 전진은 없다. 움츠려야 펼 수 있다. 꼬리를 적신 여우만이 새로운 세상을 향해 떠난다.

상처받은 삶이 오래간다.

아픔이 무르익어 단풍이 된다. 끝에서 시작하는 삶이 아름답다.

돌이킬 수 있다.

스물다섯째 날 ─────────

우리의 강박을 허물다

요즘엔 촘촘한 법률 체계가 범인(犯人)과 범인(凡人)을 구분해 주지만, 옛날엔 그렇지 못했다. 하늘에 커다란 그물이 있어 선과 악을 걸러낸다고 생각했다. 멋진 비유다. 그런데 그물이 너무 커서 문제다. 그물이 지나치게 크니 그물망이 헐겁다. 죄를 짓고도 떵떵거리며 사는 사람이 많은 건 그래서다.

어쩌면 공자보다 성인에 더 가까웠을 노자는 그래서, '천망회회 소이불루(天網恢恢 疏而不漏)'를 선언했다.

하늘의 그물망이 드넓어 성긴 듯해도

놓치지는 않는다

주역의 64괘와 384개 효는 흡사 하늘이 쳐놓은 그물망을 방불케

한다. 음과 양이라는 도구로 거미줄처럼 쳐나간 괘와 효는 물샐틈없어 보인다. 인간사와 자연사 어떤 것도 새어나갈 수는 없어 보인다.

많은 사람이 주역에 매력을 느끼는 데는 그런 이유도 있는 것 같다. 64괘와 384개 효로 친 그물망이 너무나 완벽해 세상사를 포괄하기에 손색없어 보이기 때문이다. 주역을 '우주적 진리'로 믿는 이들에게 주역 64괘는 하늘은 품고도 남아 땅까지 퍼진 그물망이다. 이른바 천라지망(天羅地網)이다.

하지만 주역의 천라지망은 생각보다 무질서하다. 음양의 기호 체계를 슬쩍 거둬내면 혼돈이 보인다. 64괘와 384개의 효에 달라붙어 그물망의 날줄, 씨줄 역할을 해 주는 메시지들은 일관성을 가졌다기엔 너무 들쭉날쭉하다. 노자의 하늘 그물은 성긴 듯해도 놓치지 않았을지 모르지만, 주역의 그물은 성긴 데다가 놓치기도 잘한다.

주역을 헐뜯으려는 게 아니다. 정반대다. 물샐틈없는 '강박적 체계'였다면 주역은 천 년의 세월을 그것도 여러 번 견뎌내지 못했을 것이다. 세월의 풍화와 침식 속에서 갈가리 찢겼을 것이다. 주역이 세월을 품고 혹은 타고 긴 세월을 비행할 수 있었던 건, 단지 십익이라 불리는 해설 덕분만은 아니다. 주역 자체가 사실은 '열린 체계'를 지향하고 있었다.

이 지점에서 주역의 64번째 화수미제 괘를 다시 등장시켜야 한다. 주역은 기제 대신 미제로 여정의 마침표를 찍어, 자신이 외부로 열린 창임을 다시 한번 확인했다.

주역은 성긴 그물망으로도 모자라, 망의 한쪽을 툭 터놓는 방법으로 영속성을 얻었다. 미완과 흠결과 아쉬움과 회한과 아픔으로, 자칫 기계적으로 굴러갔을 64괘의 바퀴에 새로운 에너지를 부여했다.

잠깐, '강박'을 얘기했다. 스물다섯째 날의 만남을 노자의 하늘 그물 얘기로부터 장황하게 시작한 것도 강박에 관해 말하고 싶어서다.

앞서 주역은 '불안을 치유하는 책'이라고 말했다. 우리의 불안은 어디에서 올까. 많은 부분이 강박에서 온다. 세상은 무질서하고 혼돈에 가깝다. 그런데 사람들은 혼란스러운 세상을 자신이 만든 몇 가지 틀 안에 가두지 않으면 견디지 못한다.

'질서에의 강박'이야말로 불안의 거처다. 카오스에 살면서 코스모스를 지향하는 사람들의 원죄가 불안이다. 그리고 주역은 아주 독특한 방법으로 불안을 치유한다.

64괘라는 '완벽한 질서'를 내세워 사람들을 유혹한 뒤, 그 안에 담긴 '완벽한 혼돈'을 만나게 한다. 마지막 괘 화수미제는 그렇게 주역에 특유한 코스모스-카오스의 결합에 찍는 화룡점정(畵龍點睛)이다. 주역이 전하는 복음의 핵심이다.

여덟째 날 만남에서 3,000년 전 유라시아의 양쪽 끝에서 시작된 전혀 다른 사유 체계에 관해 얘기했다. 유라시아의 동쪽 끝 중국에선 주역이 탄생했고, 서쪽 끝 지중해 부근에선 성경이 탄생했다.

주역의 원형이 역전(易傳)과 구분되는 의미에서 역경(易經)이라면, 성경의 원형은 구약의 앞부분에 해당하는 '모세 5경'이다. 창세기, 탈출기(출애굽기), 레위기, 민수기, 신명기로 이뤄진 모세 5경의 결말을 음미하면서, 화수미제에 대해 새로운 의미를 부여해볼까 한다.

모세 5경은 신명기로 끝난다. 신명기의 마지막 장(34장)에서 나는 인류가 남긴 '미완성 서사'의 전형을 발견한다. 신명기 34장은 '모세의 죽음' 장이다. 길지만 찬찬히 음미할 만하다. 34장의 앞부분을 요약해본다.

> 모세가 어느 날, 광야 위로 솟은 산에 올랐다. 적진의 예리고 성(城)을 조망할 수 있는 곳이다. 그때 야훼가 모세에게 나타나 멀리 펼쳐진 땅을 보여주었다. 길르앗과 므나쎄 그리고 서쪽 바다에 이르는 유다까지……. 그리고 말했다.
> "이곳이 내가 아브라함과 이사악과 야곱에게 약속한 땅이다. 그들의 후손에게 주겠다고 한 그곳이다."
> 모세는 감동한다. 다시, 야훼가 말한다.
> "그러나 보게는 해 준다마는 그리로 건너가지는 못한다."
> 모세는 '약속의 땅'에 들어가지 못하고 광야에서 숨을 거뒀다.

모세는 출애굽(이집트 탈출)의 지도자다. 아브라함에게 주어진 신의 계시를 잊은 히브리인들을 데리고 이집트에서 탈출한다. 그러나 그에겐 천형 같은 고난이 주어졌다. 약속의 땅 가나안으로 진입하지 못하고, 40년간 광야에서 지냈다. 더 큰 고난은 따로 있었다. 광야의 히브리인들이 모세를 수시로 불신했다. 그는 신과 인간을 이으려고 최선을 다했지만, 양쪽에서 인정받지 못했다. 그런 고통을 견뎌냈으니, 최후의 승리가 주어질 만하다.

모세가 산에 올랐을 때, 신은 그에게 약속의 땅 전역을 둘러 보여준다. 그리고 확인까지 해 준다.

"이곳이 바로 약속한 땅이다."

그러나 결론은 엇나갔다.

"보게는 해 준다마는 건너가지는 못한다."

모세 5경의 마지막 장면은 주역의 마지막 괘와 긴밀히 얽히고 통한다. 모세의 죽음은 거의 모든 사람이 짧은 생을 살면서, 그리고 그 생을 마치면서 겪는 사연과 회한을 극적인 방식으로 보여준다.

고생 끝에 낙은 오지 않는다. 고생 끝에 찾아오는 것은 고생에 대한 위로일 뿐이다.

그러나 이야기는 거기서 멈추지 않는다. 가나안 진입을 향한 유대인들의 꿈은 모세의 죽음 이후 급진전을 이룬다. 모세의 후계자가 나타나고, 광야의 신기루 같던 꿈은 현실적인 발걸음을 내딛기 시작한다. 그리고 유대인들은 과거 자신들의 잘못을 철저하게 반성한다. 모세의 죽음을 통해 유대인들은 마음에 가득했던 불신을 없앤다.

이번 생애엔 정말 아무 일도 이루지 못할까, 고민하던 시절이 있었다. 화수미제의 여우와 신명기의 모세를 보며 그 고민을 조금은 놓았다. 완성과 질서를 향한 환상과 강박을 놓으면 자유로워진다.

《그리스인 조르바》로 유명한 그리스 작가 니코스 카잔차키스(1883~1957)의 묘비명에 감화받았다는 사람들이 많다. 카잔차키스의 허름한 묘비엔 세 문장이 적혀 있다.

나는 아무것도 바라지 않는다
나는 아무것도 두려워하지 않는다
나는 자유다

주역은 완성의 신화를 깨뜨린다. 주역을 통해 완성에 대한 강박을 허문 사람들은 자유를 얻는다.

6부

격정하지 않는다

스물여섯째 날

열 개의 날개

하안거를 막 끝낸 한 수행자가 대선사 운문(雲門)에게 물었다.

"누가 앞으로의 계획을 묻는다면 어떻게 답하는 게 좋겠습니까?"

운문이 말했다.

"모든 사람을 뒤로 물러서게 하라."

선의 황금시대를 이끌었던 거장 운문은 한 제자가 하안거 후, 수행자들의 자세를 묻자 '후퇴'를 말했다. 여름철의 집중 수행에 고무된 제자들이 '향상일로(向上一路)'만 생각할 때, 운문은 짧게 '대중후퇴(大衆後退)'를 명했다.

물러나야 실상이 보이기 때문이다. 몰입할 때는 보이지 않던 것들이 물러서면 드러난다. 오랫동안 주역 64괘에 몰입했다.

이제 물러서자.

세계는 일어나는 모든 것이다

1900년을 전후해 잠언인 듯, 예언인 듯 짧은 문장 두 개가 홀연히 나타나 사람들을 놀라게 했다. 요즘도 이런저런 책들에 자주 등장하는, 낡지 않은 문장들이다. 그중 하나는 지금도 베스트셀러 저자인 니체의 단언이다.

신은 죽었다

니체는 단 한 문장으로, 그때만 해도 유럽을 유령처럼 떠돌던 신을 몰아냈다. 근대인들의 사유에서 신을 지웠다. 20~30년이 지나고 또 하나의 '충격적인' 문장이 등장했다.

말할 수 없는 것에 대해선 침묵해야 한다

이번엔 루트비히 비트겐슈타인(1889~1951)이다. 비트겐슈타인은 100년 전, 이 말 하나로 철학사의 흐름을 바꿨다. 서구의 형이상학은 통째로 '말해선 안 되는 것'이 되어버렸고, 사람들은 언어를 사유의 출발점으로 두기 시작했다. 비트겐슈타인 이후엔 '말'이 없으면 '생각'도 성립할 수 없게 됐다. 이 유명한 문장이 실린 책이 바로 《논리 철학 논고》다.

편집과 번역어에 따라 다르겠지만, 이 책은 100쪽을 채우기에도 부족한 분량이다. 그런 책 하나로 수천 년 인류의 사고방식에 전면전을 선포했으니, 대단한 일이다. 주역을 떠올리며 주목하는 건 이 책의 첫 문장이다.

세계는 일어나는 모든 것이다
The world is everything that is the case

비트겐슈타인은 우리가 사는 세상을 '사건(the case)'의 총체로 봤다. 그런데 '사건'이란 말에서 떠오르는 게 있다. 주역의 메시지들에 관해 해설하면서, 이 메시지들이 사건과 예언이 뒤섞인 형태로 정리되어 있단 얘기를 한 적이 있다.

주역이라는 텍스트는, '사건 기록'을 골격으로 삼고 '예언'과 '의리의 언어'가 가미된 형식이다. 이 가운데 시차를 두고 먼 후대에 첨가되었을 '의리의 언어'는 잠깐 배제하자.

주역의 64괘를 구성하는 384개의 효는 그렇게 시제를 초월한 사연과 사건들로 볼 수 있다. '시제를 초월한'이라 말하는 건, '예언'이 바로 미래 시제로 표현된 사연과 사건이기 때문이다.

그래서 우리는 비트겐슈타인을 본 따 이렇게 말할 수 있다.

주역은 일어난 모든 것과 일어날 모든 것이다

비트겐슈타인의 말과 주역의 말을 겹쳐 보자. 우리는 두 문장의 중첩을 보며 한 번쯤 물어야 한다. 주역은 혹시 스스로 세계가 되려는 야심을 품었던 건 아닐까.

열 개의 날개

주역은 역경과 역전으로 구분한다. 역경은 주역이 처음 만들어질 때 원재료에 해당하는 점사들의 모음이다. 64개의 괘와 384개의 효에 일일이로 대응하는 단순 메시지들이다.

그런데 텍스트란 게 그렇다. 고대 중국에서 전쟁을 앞두고, 또는 가뭄과 홍수의 고통 와중에, 아니면 왕실 간의 분쟁 속에서 하늘의 뜻을 물어 받아냈던 주역의 계시들은, 그 상황이 사라지고 나면 도대체 무슨 소리인지 모르게 된다. 콘텍스트가 사라지면 텍스트는 길을 잃는다. 의미를 잃는다.

갈 길 잃은 텍스트를 구원하기 위해 중국의 유학자들이 등장했다. 갈피를 잃은 텍스트(역경)가 다시 날아갈 수 있게 새로운 콘텍스트(역전)를 만들어 주기로 한다. 그게 단전, 상전, 계사전, 문언전, 설괘전, 서괘전, 잡괘전이다.

이 글은 옛날식의 해설을 불태우기로 하고 진행하는 주역 이야기이지만, 주역의 전체 구조를 아는 데는 전통적인 분류가 도움이 된다.

- 단전(彖傳) 상·하 : 각각의 괘에 대한 종합 설명
- 상전(象傳) 상·하 : 대상(大象 상)은 괘, 소상(小象 하)은 효에 연결.
  이미지를 동원해 괘와 효를 설명
- 계사전(繫辭傳) 상·하 : 64괘·괘사·효사 전체에 대한 철학적 해설
- 문언전(文言傳) : 건(乾)·곤(坤) 두 괘에 대한 추가 설명
- 설괘전(說卦傳) : 8괘를 자연과 일상사에 연결
- 서괘전(序卦傳) : 64괘의 배열에 대해 논리 부여
- 잡괘전(雜卦傳) : 각 괘의 특성을 한마디로 요약

단전과 상전과 계사전을 상·하로 분류하면서 역전은 모두 열 개의 진용을 갖췄다. 그런데 주역의 편집자들은 역전이란 이름 대신 '십익'이라는 멋들어진 이름을 사용한다. '열 개의 날개'란 뜻이다. 시대가 변하면서 갈 길을 잃고 경쟁력을 상실한 몸체(역경)에, 새로운 시대를 헤쳐 나갈 날개(역전)를 달아준 것이다.

역전 각각에 대한 세세한 해설은 생략할 생각이다.

중요한 건 "주역이 과연 스스로 세계가 되려는 야심이 있는가?" 하는 문제다. 여러 시대에 걸쳐 여러 사람의 손을 타면서 잡다하고 조악해진 십익을 소환한 건, 십익 중 하나인 계사전으로 가는 길을 트기

위해서다. 계사전은 역경에 관한 후대의 해설 중 하나다. 동시에 계사전은 스스로 세계가 되려는 주역의 야심을 철학적으로 뒷받침하는 시도이다.

다른 '날개'들을 두고 주역의 '철학적 백미'로 꼽히는 계사전으로 곧장 진입한다.

스물일곱째 날

계사전 또는
최종 이론의 꿈

계사전은 한 사람이 쓴 글이 아니다. 여러 시대, 여러 사람의 이해관계가 충돌하면서 만들어졌다. 64괘, 384개의 효라는 재료를 놓고 당대의 걸출한 이론가 또는 권력자들이 저마다 자신들의 해석을 앞에 세우려 한 흔적이 보인다. 그 갈등과 봉합의 흔적은 계사전의 앞부분부터 명확하다.

계사전을 여는 첫 마디는 지극히 정치적이다. 노골적으로 정치적이어서 조금은 거슬리기도 한다.

하늘은 존귀하고, 땅은 비천하다

가볍게 넘길 문장이 아니다. 주역의 원 텍스트(역경)에서 하늘과 땅을 귀하고 천하다는 식으로 가르는 일은 없다. 주역은 쉬지 않고 자연과 대화한다. 자연에 계급과 계층이 있을 리 없다. 주역에서 하늘을 겹쳐 놓은 중천건 괘와 땅을 포개 놓은 중지곤 괘의 내용을 살펴만 봐도, 역경이 그처럼 노골적인 정치의식과는 무관하단 사실을 알 수 있다.

그런데 계사전은 하늘과 땅의 존귀와 비천을 얘기한 직후 "높고 낮은 것이 갈라져, 귀천의 질서를 형성한다"고 못 박는다. 하늘과 땅의 정치적 계급성을 고집하는 것이다. '높고 낮은 것'으로 옮긴 '비고(卑高)', 그리고 원문 그대로인 '귀천(貴賤)'은, 계사전의 최종본이 확립될 당시 누구의 입김이 작용했는지 암시한다.

그런 면에서 주역 전체를 해설하는 계사전의 첫 마디는 지극히 반(反) 주역적이다. 주역은 형식에 있어 자연 친화적이고 내용에 있어 자연 지향적이다. 계사전 안에서 주역의 참모습이 드러나는 건, 자연마저 지배의 도구로 활용하려던 권력자의 욕구가 투영된, 문제의 첫 문장을 벗어나면서부터다.

밤과 낮의 도리

그때 비로소 스스로 세계가 되려는 주역의 내밀한 야심을 내면에 품은 계사전의 진짜 철학이 시작된다.

언제나 절대를 탐하는 권력은 흥미진진한 세상의 사연들을 사장한다. 주역은 그런 건조한 정치적 이분법을 뛰어넘는다.

역은 천지와 일치한다, 능히 천지의 도를 포괄한다

주역의 야심이 가감 없이 드러나는 문장이다. 주역이 곧 세계이며, 세계가 가는 길을 정하는 진리의 기준도 주역이라고 계사전은 직설적으로 얘기한다. 그 뒤로 기술적인 문장이 따른다. 그런 후 바로 급발진한다.

위로 천문을 살피고, 아래로 지리를 관찰하면서 주역이 만들어졌다
주역은 보이는 세계와 보이지 않는 세계를 동시에 파악한다

세계 자체가 되려는 주역의 야심은 거침없고, 막힘없다. "세계(천지)가 하는 일을 제어하면서도 넘치지 않으며, 만물을 곡진히 이뤄 아무것도 남기지 않는다"며 자신감을 보인다. 거기에서 더 나아간다.

신(神)이 하는 일엔 경계가 없고, 역(易)이 하는 일엔 형체가 없다

계사전의 이 문장을 통해, 주역은 자신을 신과 같은 전지전능한 존재로 격상시키려 한다. 그런데 이쯤에서 주목해야 할 개념이 하나 출현한다. 주역에 신의 전지전능을 부여하는 근본 원리가 등장한다. 그런데 의외다.

주야지도(晝夜之道)

주역을 전지전능하게 만드는 건 주야지도, 그러니까 밤낮의 운행 또는 밤낮의 순환 원리다. 중천건 괘의 항룡처럼 신의 영역을 향해 제한 없이 치솟아 올라가던 주역이 갑자기 지상으로 하강하는 느낌이다. 보이는 세계와 보이지 않는 세계가 돌아가는 핵심 원리를 고작 밤낮의 순환에서 찾는다.

고대인들의 추상

불교의 《반야심경》을 처음 정독했을 때 놀라움을 아직도 잊지 못한다. 260자의 텍스트에는 고대인들의 추상 능력이 인상 깊게 투영돼 있다. 260자의 어느 곳을 들추어도 마찬가지다.

'무무명 역무무명진 무노사 역무노사진 무고집멸도 무지(無無明 亦無無明盡 無老死 亦無老死盡 無苦集滅道 無智)' 같은 문장을 보라. "무명(깨닫지 못한 상태)도 없고, 무명이 다 하는 법도 없고, 늙고 병드는 것도 없고, 늙고 병드는 게 다 하는 법도 없다"는 부정과 이중부정의 현란한 교착······.

이어 불교의 핵심 진리로 내세우는 '고집멸도'도 없으며, 그러니 이 세상에 지혜랄 것도 없다고 잘라 말한다.

불교는 희한한 종교다. 사람들은 팔만대장경을 얘기한다. 대장경의 한자 수는, 조선왕조실록 전체 텍스트의 한자 수에 버금간다고 한다. 분량만으로도 오백 년 역사만큼의 폭과 깊이를 갖는다.

그런데 우주가 팽창하듯 늘어나고 늘어나 방대해진 가르침의 말들을, 불교는 어느 순간 지극히 간소한 텍스트로 응축시킨다. 급격한 방향 전환이다.

그렇게 770자의 《화엄경 법성게》, 584자의 《신심명》, 260자의 《반야심경》이 나왔다. 좀 더 지나면, 대폭발의 끝에서 다시 빅뱅 이전의 한 점으로 되돌아가려는 우주의 길을 예비라도 하듯 "한 글자도 필요 없다"고 선언한다.

한 글자도 세우지 않겠다(불립문자)는 선(禪)으로 향하는 길을 튼다. 770자이든, 584자이든, 260자이든 아니면 모든 문자의 배격이든 일상의 구체적 번잡을 떨치고, 명료한 줄기만을 남기는 추상 능력이 없으면 불가능했을 작업들이다.

주역의 계사전 역시 그렇게 강렬한 추상이 만들어 낸 걸출한 텍스트이지만, 어느 면에선 그 이상이다. 계사전은 초반에 고도의 추상 능력으로 단순화시켜 만들어 낸 세계의 원리를 복잡다단한 일상으로 재진입시키기 때문이다.

계사전은 주역의 거대한 야심을 '음'과 '양' 단 두 글자로 요약하고는, 그 중요한 원리를 바로 번잡한 일상으로 되돌려 확산시키는 명민하고 신비한 텍스트다.

음양, 끝없는 불화와 화해

'밤낮의 도리'라는 좀 기묘한 원리를 '폭탄선언'처럼 꺼내든 계사전은 직후 논의를 반전시킨다. 주역 계사전을 한마디로 요약하는 추상의 사자후(師子吼)를 터뜨린다.

'한 번은 음, 한 번은 양', 이게 진리다

'일음일양지위도(一陰一陽之爲道)'가 원문이다. 주역과 무관한 이들도 계사전의 '일음일양지위도'를 여기저기 퍼 나르며 동양학에 대한 조예를 말하는 경우가 많다.

하지만 우주와 세상을 묘사하는 원리치고는 너무 단순하지 않은가. 한 번은 양, 한 번은 음이란 사실이 궁극적 진리라고 계사전은 말한다. 밤이 가면 낮이 오고, 낮이 오면 밤이 가는 게 우주의 핵심 원리라는 말 아닌가.

음양은 도대체 뭘까. 음양에 관한 해설들은 여기저기서 난립하고 있지만 대개 비슷하다. 밝음과 어둠, 움직임과 고요함, 추위와 더위, 남성과 여성, 강건함과 부드러움, 거침과 유순함…… . 이런 식으로 끝없이 진행한다. 세상은 대립하는 두 가지 요소가 불화하고 화해하면서 흘러간다는 주장이 음양론이다.

그런데 음양을 이해할 때 중요한 건 어쩌면 '대립'보다 '불화'와 그에 이어지는 '화해'일지 모르겠다. 음양을 단순한 대립으로 이해하면, 서양의 이원론과 다르지 않기 때문이다.

그리고 사실 음양의 뒤섞임보다 근본적인 통찰이 존재한다. 계사전은 "역의 근원은 태극(太極)"이라고 말한다.

잠시, 돌아가자.

빛은 입자이면서 동시에 파동이라는 기묘한 논리를, 현대 물리학자들이 내놓았다. 한 물체가 있는데 쪼개지기도 하고 안 쪼개지기도 한다는 얘기다. 만져지기도 하고 만져지지 않기도 하다는 얘기다. 손에 잡히지 않아야 하는데, 잡힌단 얘기다.

실제로 이런 일이 일어난다. 원자에다 빛을 쏘아서 전자 같은 미립자를 치면 전자가 튕겨 나간다. 빛은 입자라는 증거다.

그런데 칸막이에다가 작고 얇은 수직의 틈을 내 그곳으로 빛을 통과시키면, 빛은 이내 넓게 퍼지고 만다. 이럴 때 빛은 파장이다. 그렇게 빛은 입자이면서 파동이다. 이게 끝이 아니다. 입자인 빛에 튕겨 나갔던 전자도 입자이면서 파동이다. 이런 이상한 일들을 양자역학에선 '이중성'이라 부른다.

현대물리학에 한 획을 그은 닐스 보어(1885~1962)가 어느 날 중국을 방문했다. 그는 중국에서 흔한 태극 무늬를 보면서, 선사들의 돈오(頓悟)처럼 갑자기 무언가를 깨달았다.

태극에는 음과 양이 유려한 곡선으로 얽혀 있다. 붉은 반원과 푸른 반원이 경계를 흐리고 소용돌이처럼 휘면서 서로를 밀어내는 듯, 서로에게 스며드는 듯 얽힌 게 태극이다. 불화와 화해가 동시에 일어나는 공간이 태극이다.

보어는 중국에서의 갑작스러운 깨달음 후, 중요한 행사에 갈 때 입는 예복에 태극 문양을 인쇄했다.

계사전에 등장하는 음양의 원리, 밤낮의 도리는 이렇게 현대물리학의 이중성 때문에 고민에 빠진 보어에게 직관의 틀을 제공할 정도로 의미 있는, 동시에 신비한 담론이다.

이제 계사전의 말들을 직접 인용해 주역의 우주 장악 야심을 구체적으로 드러내 보려 한다.

세계를 겨냥하는, 세계를 설명하는 주역의 말들이다. 음양의 원리에 발을 딛고, 주역의 무질서한 메시지들을 껴안는 방법으로 이 세상을 품으려는 노력이다. 삶을 살아가는 데 힘을 주는 아포리즘으로 읽어도 무방하다. 주역의 메시지들은 입자이면서 파장인 듯 이중적이다.

주역을 지은 이는 걱정이 많았나 보다!

주역 공부를 시작하면서 꺼내 들었던 말이다. 이 짧은 탄식의 출처가 바로 계사전이다. 세상을 품으려는 야심은 고통에서 시작한다. 평화로운 환경에선, 안이한 삶과 사유만으로 충분하다. 주역은 난세의 산물이다. 깊은 수렁 같은 감옥에 갇힌 채로 세상 전체를 조망하며 주역은 탄생했다.

눈에 보이지 않는 원리를 형상화한 것을 상(象)이라 한다

주역은 64개의 기호로 세상을 비춘다. 384개의 효로 세상을 묘사한다. 형상으로 껴안고, 말로써 개입한다.

역의 말은 무질서해 보여도 흐트러지지 않는다

무질서한 주역은 코스모스(질서)로서의 우주를 품을 수 있을까. 아니, 우주의 본질은 코스모스 아닌 카오스(혼란)일지 모른다. 주역의 메시지들은 잡다하다. 질서정연한 64괘의 외피를 두르고 있으나, 그 밑으로는 혼란이 들끓는다. 세상을 제대로 반영하는 건 64괘일까, 이면의 혼돈일까.

눈에 보이지 않는 실재가 도(道), 눈에 보이게 된 것이 기(器), 다양한 현상으로 나타나는 것이 변(變), 새롭게 전개되는 것이 통(通)이다

'눈에 보이지 않는'에 해당하는 원문이 '형이상(形而上)'이다. '눈에 보이게 된'의 원문은 '형이하(形而下)'다. 주역은 초월적인 것, 현상하는 것, 변하는 것, 잠재한 것 모두를 지배하려는 꿈이다.

역은 무심하고 작위가 없다

파트리크 쥐스킨트의 매혹적 소설 《향수》의 주인공 그루누이는 '절대 후각'을 지녔다. 그런데 그가 절대 후각을 가질 수 있는 건 자기 몸에서 아무런 냄새가 나지 않아서다.

주역 역시 무심과 무위로, 세상의 소란스러운 희로애락을 포착한다. 하지만 주역은 수많은 기호와 메시지들을 세상에 송출해 오지 않았나. 역경이 저지른 일을 계사전은 모른 체한다. 그간의 일을 시치미 뗀다. 그리고는 무심과 무위의 적막한 세계로부터, 주역은 다시 시끌시끌한 세상 속으로 수직 하강을 시도한다.

최대의 형상은 천지(天地), 최대의 변통은 사계(四季)다

음양의 원리를 밤과 낮의 순환으로 치환했던 것처럼, 주역은 보이거나 보이지 않는 세상을 이끄는 궁극의 원리를 '하늘과 땅', '사계절'로 다시 대치한다.

최종 이론의 꿈

추상적 사유로 가득한 계사전을 잠깐이나마 음미했다. 핵심적인 문장을 끄집어내 주역의 속내를 살폈다. 깊은 근심에서 출발해, 세상을 파악하고 장악한 뒤 구제까지 하려던 주역의 야심은 성공했을까. 성공할 수 있을까.

처음엔 사건으로, 다음엔 예언으로, 마지막엔 철학으로 옮겨가며 세상 자체가 되기를 꿈꾸던 주역의 시도는 인정해 줄만 할까.

설명의 편의를 위해 가끔 동원한 물리학은 여전히 '최종 이론'을 꿈꾼다. 100년에 걸쳐 눈부신 성과를 이뤘지만, 물리학의 자리에서 볼 때 세상은 여전히 양분돼 있다.

한쪽에 광속의 절대 불변을 근본 원칙으로 하는 상대성이론이 지배하는 매크로 세계가 있다. 한쪽엔 불확실성을 원칙으로 하는 양자역학이 지배하는 마이크로 세계가 있다. 두 세계를 한꺼번에 설명할 수 있는, 그러니까 상대성이론과 양자역학을 관통하고 포용할 이론 체계는 아직 없다. 두 이론을 통합할 '최종 이론'에 대한 꿈을, 물리학자들은 버리지 못한다.

주역은 어떤가.

계사전에서 여러 번, 여러 방식으로 내비치는 대로 주역은 인간 세상을 설명하는 최종 이론이 될 수 있을까. 음양이 분화되기 이전의 태극에서 시작해, 음양으로, 8괘로, 64괘로, 384개 효로, 이어 효의 변화와 괘의 변신을 통해 거의 무한정한 경우의 수로 확장해 나가는 주역의 방식은 어쩌면 바둑판 위에서 벌어지는 일을 단순화하고 정식화한 듯한 느낌을 준다.

그러나 주역도, 바둑도 자신을 전개해 나가는 과정에서 세상을 닮아가지만, 세상을 설명하는 최종 이론이나 세상 자체가 되지는 못할 것이다.

세상은 원래 잡히지 않는 거니까.

어떠한 개념의 틀도 빠져나가는 게 세상일이니까.

사족

바둑 얘기를 끌어들이고 보니 떠오르는 옛말이 하나 있다. '당국자미 방관자청(當局者迷 傍觀者淸)'이란 말이다. 바둑에 몰입한 자는 미혹하지만, 곁에서 보는 사람의 정신은 맑다…….

세상일에 몰입해 세상 안에서만 거니는 사람은 세상을 제대로 파악하기 어렵다. 차라리 세상에서 떨어져 나와, 주역을 통해 세상일을 관조하는 사람이 맑은 정신을 유지할 수 있다. 서늘한 정신으로 세상을 파악할 수 있다. 특별한 일 없는 일상에선 주역의 괘 모양을 음미하다가, 어려움이 들이닥치면 효의 변화를 살펴 할 일을 모색하라는 계사전의 권유는 아마 그런 차원에서 나왔을 것이다.

스물여덟째 날

한양 성곽길을
산책하다가

사건과 철학, 구체와 추상을 두루 갖춘 주역은 매혹적인 텍스트다. 하지만 매혹적이라고 해서 믿음의 대상이 될 수는 없다. 주역을 '믿는' 분들이 있어 하는 얘기다.

주역을 고전 중의 고전으로, 합리를 뛰어넘어 합리를 보충하는 중층의 텍스트로, 신중한 삶을 당부하는 신비의 편지로, 삶의 난국을 타개할 지혜의 서(書)로 읽는 데는 찬성한다. 그러나 신앙의 대상으로서 주역을 떠받드는 행위는 반대한다.

오래전 페이스북에 재미 삼아 중천건부터 화수미제까지 64개의 괘에 관한 설명을 캐주얼하게 올렸다. 최대한 가볍고 부담 없는 스타일로 64괘를 해설했다. 파격적인 글을 재미있게 봐준 출판사가 있어, 그 원고는 단행본으로 묶여 나왔다.

그런데 출간 후, 한 온라인 서점 책 소개 밑에 달린 독자의 댓글을 보고 '아, 이거 정말 큰 문제구나!'라 생각할 수밖에 없었다.

심지어 저자는 주역을 믿지도 않는다

책에 대한 비판이야 감수했다. 더욱이 어느 정도 주역을 희화화한 '원죄'가 있으니 거센 비판도 이해하는 게 옳았다. 그래도 격앙된 어조로 "주역을 믿지도 않는다"고 말하는 건 그냥 넘기기 어려웠다.

주역은 믿으면 안 된다.

일부 주역 신봉자들의 그런 믿음을 그대로 두어선 안 될 것 같아 〈주역을 믿어선 안 되는 7가지 이유〉란 제목으로 긴 글을 써서 한 대중적 학술지에 게재했다.

책장에서 오랜만에 꺼낸 학술지를 들여다보면서, 독자들에게 던질 질문들을 뽑아봤다. 함께 고민하고 싶은 주제들이다. 주역을 탈(脫) 신화화해 주역에 대한 이해를 심화할 수 있는 글이라 생각한다.

아주 단순한 질문에서 시작할 생각이다. 지금까지 주역 64괘와 함께 한 여정을 떠올리며 고민해 보시길 권한다.

• 바다는 왜 없는가?

64괘의 기본이 되는 8괘가 어떻게 만들어졌는지 설명한 적이 있다. 이제야 원전을 밝힌다. '열 개의 날개' 중 설괘전에 나오는 내용이다. 세상 풍경을 매혹적으로 요약해 줬다.

> 하늘과 땅은 제 위치를 지키고, 우레와 바람은 쉼 없이 부딪치고
> 산과 호수는 기운을 통하고, 해와 달은 서로를 겨누지 않는다
> 天地定位 山澤通氣 雷風相薄 水火不相射

동서양과 고금을 털어 이리 간결하고 명쾌한 세상 묘사는 없을 듯하다. 태초의 장엄한 모습 그대로 굳건한 하늘과 땅, 그 사이로 번개가 치고 큰바람이 인다. 폭풍우가 잦아들면서 서서히 모습을 드러내는 산맥들, 그리고 그 사이 호수들. 어느새 중천으로 오른 해가 숭고한 정적을 비춘다. 해는 다시 낙하하고, 반대편 하늘로 달이 오른다. 설괘전의 묘사는 서사와 서정을 두루 갖추고 있다. 단 8개의 요소로 이 세상을 함축하고 스케치한다.

> 하늘 호수 불(해) 우레 바람 물(달) 산 땅
> 乾兌離震巽坎艮坤

주역 공부하는 이들이 8괘를 외는 '건태리진손감간곤'의 순서로 자연의 8개 요소를 나열했다. 그런데 바다는 어디로 갔나. 주역은 세계를 포괄하려는 야심이다. 그런데 왜 산과 바다가 아니라, 산과 호수인가.

주역은 중국의 내륙에서 탄생했다. 대륙의 패권을 다퉈온 중국인들에게 중요한 건 늘 중원(中原)의 장악이었다. 중원이 세계의 전부다. 황하의 중상류를 중심으로 반경 일이천 킬로미터면 족했다. 그 세계에 바다는 존재하지 않는다. 존재할 필요가 없다.

주역은 8괘에서 64괘로 자신을 확장하고, 64괘로부터 384개의 효를 가지 쳐 나간다. 그렇게 자기완결적인 체계로 세상을 품으면서, 스스로 자신의 경계를 획정했다. 주역은 자기완결적인 그만큼, 이 세상으로부터 완벽하게 고립된다. 고대 중국의 중원으로 자신의 활동 범위를 제한했다. 중원의 시선으로, 중원 너머를 철저하게 배제한다.

바다를 배제한 8괘에서 출발한 주역 체계의 살풍경은, 64괘를 자연의 형상으로 풀이한 해설(大象, 대상)에서 극명하게 드러난다. 대상이 펼쳐주는 세상의 모습은 무언가 아쉽다. 너무 단조롭다.

• 우주적 진리일까?

주역 신봉자들은 주역을 '우주적 진리'라고 말한다. 그들은 '음양이론'을 최종 근거로 삼는다. '음양'은 확실히 무오류의 직접적 진리로 느껴지는 측면이 있다. 우리가 사는 세상은 대단히 자연스럽게 음양의 프레임으로 해체된다.

세상은 밝음(明)과 어둠(暗), 움직임(動)과 고요함(靜), 더위(暑)와 추위(寒)로 구성된다. 밝고 움직이고 더운 건 양(陽)이고, 어둡고 고요하며 추운 건 음(陰)이다. 단순한 이분법의 위력은 강력하다.

게다가 음양론은 음에서 양으로, 양에서 음으로 변이하는 과정을 터놓았다. 음이었던 것이 변화를 거듭해 극점에 도달하면 양이 되고, 양이었던 것도 변화의 극에서 음으로 변신한다. 음적인 것과 양적인 것의 교차 속에서 세상이 구성된다. 만물은 그동안 태어나고(生), 죽었다가(死), 다시 태어난다(再生). 이게 음양론의 핵심이다. 아니, 음양론의 전부다.

그런데 사람들의 사유 속에서 오랫동안 고도로 추상화된 음양론의 연원을 찾아가다 보면 아주 단순한 실체를 만나게 된다. 음양의 대표 속성인 밝음과 어둠은 낮과 밤으로 수렴한다. 이어, 낮은 태양으로, 밤은 달이라는 구체적 대상으로 소급한다.

지나치게 단순한 논증이긴 하지만, 주역을 포함한 고도의 음양 체계도, 그것을 차분히 해체하고 한 발 한 발, 그 기원으로 거슬러 올라가면 태양과 달로 최종 수렴한다. 사람들은 태양과 달, 그 둘이 자리 잡은 낮과 밤의 순환 속에서 음양의 프레임을 탄생시켰다.

이제 물어야 한다. 태양과 달은 '우주적 진리'인가?

138억 년 전 빅뱅으로 우주가 출현했다. 50억 년 전 태양이 만들어졌다. 46억 년 전 태양계의 먼지들이 뭉쳐 지구가 탄생했다. 지구에 소행성 하나가 부딪친다. 떨어져 나간 지구의 조각에 우주의 먼지가 붙는다. 지구 위로 달이 뜨기 시작한다. 해와 달, 낮과 밤에 이어 음과 양의 개념이 탄생한다.

음양은 우주적 진리인가. 아무리 거슬러 올라가도 음양은 '태양-달-지구' 시스템과 함께 등장한 '지구적 진리'에 그친다. 그마저도 내륙에 갇힌 채 중원의 헤게모니를 다투던 이들의 마음속에 자리 잡고 있던 '통일적 시각'에 대한 열망의 이면이다. 주역을 굳이 '믿을' 것인가.

• **역경과 역전은 하나로 묶일 수 있을까?**

주역은 경(經)과 전(傳)으로 구분된다. 역경은 사건과 예언을 담은 원형의 메시지들, 역전은 열 개의 날개로 불리는 해설이다.

그런데 경과 전은 서로를 물어뜯는다. 좋게 봐주어도 물과 기름이다. 따로 논다. 유일한 유화제(乳化劑)는 주역에 대한 맹목적 믿음이다. 주역의 말미에서 '완성'의 메시지를 전했던 수화기제 괘에는 이런 메시지가 등장한다. '경'에 해당하는 부분이다.

한 여성이 마차의 가리개를 잃는다, 찾아 나서지 말라, 7일이면 되찾는다

이 문장을 '전'은 이렇게 푼다.

'7일이면 되찾는다'는 말은 어느 한쪽에 치우치지 않는다는 뜻이다

'어느 한쪽에 치우치지 않는다'는 문장의 원문은 '중도(中道)'다. 점사도, 해설도 해독하기 쉽지 않다. 점사의 경우 너무 구체적으로 예측하면 빗나간다. 애매할수록 오래 살아남는다. 해설도 그렇다. 충분한 설명 없는 '단언'으로 치고 빠져야 좀 더 자유로울 수 있다.

그런데 점사와 해설의 문장은 그런 공통점에도 불구하고 사용하는 용어들의 성격에서 큰 차이를 보인다. 점사의 용어들이 구체적이라면(마차, 가리개, 7일, 잃는다, 되찾는다), 해설의 용어는 추상적이다(중도). 점사는 그야말로 점(占)의 기록이다. 앞으로 일어날 '사건 사고'를 묘사한다. 해설은 후대의 유학자들이 붙인 부가 설명이다. 우발적이기 마련인 '사건 사고'에 유교적 의미와 당위의 가치를 부여하려 한다. 의리, 신의, 충성, 염치, 예절 등등. 서로 부딪칠 수밖에 없다.

구체적이고 일상적인 괘사와 효사를 '해설'하는 데 있어, 어느 정도의 추상화와 일반화는 불가피하다. 그러나 주역의 경우 추상화와 일반화가 지나치다. 과도하게 경향성을 띤다. '우발적 사고'에 관한 묘사를 무리하게 유교적으로 재해석하다 보니 그런 일이 생긴다.

• '미완성의 신화'를 믿어도 될까?

뒤늦게 고백해야겠다. 주역의 마지막 괘 화수미제를 설명하면서 나는 거짓을 말했다. 매력적인 이 문장을 기억하실 거다.

어린 여우가 강을 막 건너려는데,

그만 꼬리를 적시고 말았다

주역의 마지막 괘를 요약하는 이 짧은 문장은 오랫동안 회자됐다. 64괘의 체계를 '미완'으로 끝낸 용기와 기발함에 많은 사람이 환호했다. 그리고 나도 일반적인 해석을 불러내고 다듬어 여러 자리에서 소개했다.

완결은 끝이다. 미완성은 또 다른 순환을 가능하게 한다. 아름다운 결여다. 미완성을 통해서만 세계는 지속된다. 삶도 마찬가지다. 채우고 또 채워도 늘 모자라 무언가 갈구하는 사람들에게, 주역은 얼마나 매력적인가.

그런데 화수미제는 정말 주역의 '마지막' 괘일까.

주역은 미제(건너지 못함) 바로 앞, 63번째 괘의 자리에 기제(이미 건넘)를 두고 있다. 그냥 둔 게 아니다. 기제와 미제는 6개의 음양 막대의 배열을 위아래로 뒤집은(또는 음과 양을 바꾸는) 형태로 대칭을 이루는 '커플' 괘다. 기제와 미제뿐 아니다. 주역의 이 같은 조합은, 64괘의 배열에서 하나의 원칙이다. 주역의 첫 번째 건 괘와 두 번째 곤 괘부터가 그렇다. 의미상으로도, 괘의 모양으로도 짝을 이룬다.

64괘의 배열 방식은 1, 2, 3, 4, 5……, 63, 64가 아니라, 1-2, 3-4,

5-6······, 63-64다. 64개의 괘 각각을 하나씩 나열하는 방식이 아니라, 32쌍의 괘를 '커플'로 배열하는 게 주역의 방식이다. 정확히 말해, 주역 체계의 마지막은 '미제'가 아니라 '기제-미제'의 조합이다.

그래서 다시 한번 고백하건대, 주역은 그 체계의 마지막에 미완성을 제시하지 않는다. '완성(기제)-미완성(미제)'의 조합을 내놓는다.

'체계의 미완성'을 통해 '삶의 미완성'을 웅변한다는 주역 신화는 물론 유효하다. 어떤 방식으로든, 미완의 화수미제 괘를 64괘의 피날레로 배치한 것은 의식적인 행위이기 때문이다. 그러나 주역의 구조를 따질 때는 적용하지 말아야 논리적으로 옳다.

주역 앞에서 우리는 솔직해져야 한다. '믿음'이라는 이름으로 마음을 미혹하게 하면, 명백한 눈앞의 풍경이 보이지 않는다.

• **64괘의 순서는 논리적일까?**

마지막 질문이다. 64괘의 순서는 우주의 논리, 삶의 논리를 따르고 있을까.

주역을 공부하는 이들은 64괘를 순서대로 왼다. 건, 곤, 준, 몽, 수, 송, 사, 비, 소축, 리, 태, 비······. 그야말로 암기다. 64괘의 이름을 무작정 왼다. '무작정' 욀 수밖에 없는 건, 괘 32쌍의 배열에 원칙이 없어서다. 커플을 이루는 괘가 음양 막대의 배열에서 서로를 뒤집고 있다는 것 외엔 원칙이 없다. '건-곤' 다음에 왜 '준-몽'이 붙는지 그 뒤에 왜 '수-송'이 오고, '사-비'가 뒤따르는지 아무도 모른다.

"왜 서괘전은 얘기하지 않는가?" 물을 수 있다. 주역을 보좌하는 열 개의 날개 중에 서괘전은 64괘의 배열 순서에 원칙을 부여한다. 예컨대 5번째 수천수 괘로부터 6번째 천수송, 7번째 지수사를 거쳐 8번째 수지비 괘에 이르는 배열을, 서괘전은 이렇게 설명한다.

'수'는 음식의 도(道)이다. 음식에는 반드시 소송이 생기니 '송'으로 받는다. 소송이 있으면 무리가 들고 일어나니 '사'로 받는다. 무리가 있으면 반드시 친함이 있으니 '비'로 받는다

'수천수'의 수는 괘사와 효사에서 기다림을 강조한다. 하늘 위로 짙은 구름이 가득한데 비는 오지 않는다. 극심한 가뭄이다. 사람들은 참고 또 참으면서 비를 기다린다. 그런 기다림의 괘가 '수'다.

그런데 서괘전은 '음식'을 들고나온다. 음식이 촉발하는 다툼을 얘기하는 괘 '송'으로 연결하기 위한 무리수다. 수천수 괘에 음식 얘기가 없는 건 아니다. 아래로부터 5번째 메시지에 '수우주식(需于酒食)'이란 문장이 등장한다. 술과 음식을 놓고 기다린다는 뜻이다. 그렇다고 '수'를 음식의 괘로 이해하는 사람은 없다.

소송이 있으면 무리가 들고 일어난다? 그럴싸하다. 서괘전은 군중

또는 리더십을 뜻하는 '사'를 그렇게 끌어낸다. 이어 '사'를 친화, 인화를 뜻하는 '비'에 연결한다. 소송을 끝낸 무리가 서로 친해졌단 얘기일까.

서괘전의 이런 논리를 주역 64괘의 배열을 설명하는 원칙으로 볼 수 있을지는 독자들의 판단에 맡기겠다. 그러나 주관적 견해를 밝히라고 하면 '노!'다.

아이들 놀이 중에 "원숭이 엉덩이는 빨개"로 시작하는 문장 잇기 게임이 있다. 원숭이 엉덩이는 빨개, 빨가면 사과, 사과는 맛있어, 맛있으면 바나나, 바나나는 길어……. 어느 쪽 '문장 잇기'에 더 설득력이 있어 보일까.

너무 희화화하고 있는 걸까. 그러나 현재 통용되는 64괘의 배열은 공고하지 않다. 무너지기 쉬운 체계이며, 이미 무너졌다고 봐야 한다.

1973년 중국 장사(長沙)의 마왕퇴(馬王堆)에서 비단 위에 쓰인 주역 판본 하나가 발견됐다. 이 주역은 통용 중인 주역과 전혀 다른 순서로 64괘를 배열한다. 게다가 뚜렷한 배열 원칙을 갖고 있다. 우리가 유일무이하다고 믿는 주역의 체계는 유일하지도 않을 뿐만 아니라, 일관성의 측면에서 열등할 가능성까지 있다.

• **그럼에도 주역은……**

주역을 믿어선 안 된다. 나는 그렇게 생각한다. 그러나 생각해 볼 문제가 있다.

믿을 수 없다고 폐기할 것인가.

주역은 서로 다른 시대의 유적이 겹겹이 쌓인 지층 같은 텍스트다. 수천 년 전의 종잡을 수 없는 점사들 위로, 삼황오제의 신화가 쌓이고, 은-주 교체기의 정치적 격동이 덧붙고, 그 위로 음양 이론이 스며들며 만들어졌다. 여기에 천 년 전 당대의 천재들인 소강절, 주희 등이 정치하고 심오한 해석을 보태며 주역을 신화화했다. 수천 년에 걸친 지적 축적이 만들어 낸, 변화무쌍의 콘텐츠를 '믿음'의 대상이 아니란 이유로 파문하는 건 적절치 않다.

영어권에선 주역을 '역경(易經)'의 중국어 발음을 따라 'I Ching'이라고 쓴다. 그리고 그 뒤에 'The Book of Change'란 부제를 붙인다. 주역은 시종일관 '변화(change)'를 역설하는 텍스트다. 그렇게 변화를 역설하는 책을, 왜 그리 요지부동의 자세로 대하는지.

주역의 뇌화풍 괘는 형통의 메시지로 유명하다. 태양이 천둥 번개의 호위를 받으며 하늘 위로 치솟는다. 전례 없는 풍요를 예감하며, 뇌화풍 괘는 이런 메시지를 제시했다.

해는 뜨자마자 기울고 달은 차자마자 일그러진다

천지는 찼다가 비고, 시간은 쇠했다가 살아난다

하물며 사람이랴! 하물며 귀신이랴!

하물며 주역이랴. '변화의 책'을 변화로써 대하는 자세를 소망할 뿐이다. 그게 주역에 굴리우지 않고, 주역을 굴리는 길이다. 자칫 구태의연의 늪으로 빠지기 쉬운 고대의 텍스트에 생기를 불어넣는 일이다. 달은 자기 모습을 고집하지 않아 더 신비롭다. 주역은 굴려야 한다. 주역에 굴리워선 안 된다.

주역을 너무 몰아세운 것 같다. 서울의 작은 한옥서점 한 곳에서 주역 강의를 하면서도 그런 생각을 했다.

어느 날 강의에선가 주역을 강도 높게 비판했다. 앞서 말한, 학술지에 실었던 〈주역을 믿어선 안 되는 7가지 이유〉의 제목들을 스크린에 띄워두고 해설했다.

주역을 믿어선 안 되는 7가지 이유
- 서로를 비난하고 할퀴는 경(經)과 전(傳)
- 주역 텍스트는 '봉합'이란 사실을 인정해야 한다
- 주역의 세계에 왜 바다는 없는가?
- 주역은 지고지순한 연역의 체계가 아니다
- 미완성으로 끝맺는다는 드라마틱한 설정, 그 허구
- 원숭이 엉덩이는 빨개…… vs 서괘전
- 다시, 음양은 우주적 진리인가?

일주일 후 다음 강의를 하루 앞두고, 낙산 부근의 한양 성곽길을 산책하는데 성곽을 이룬 돌들이 눈에 밟혔다. 조선의 태조, 세종, 숙종, 순조, 그리고 마지막으로 현대에 서울 어디에선가 가져온 각각 다른 크기의 돌들이 다른 공법으로 층을 이루며 쌓여 있다. 그렇게 육백 년의 긴 세월이 층위를 달리하며 치솟은 성벽을 보면서 아름다움에 감탄했다.

그리고 바로 그 순간, 주역의 아름다움에 대해서도 감탄했다. 주역 역시 오랜 세월, 다양한 천재들의 사유가 중층으로 쌓여 만들어진 텍스트가 아니던가.

다음날 강의에서 전날의 단상을 함께 나눴다. 그날도 주역에 관한 7가지 항목을 스크린에 띄웠다.

주역이 아름다운 7가지 이유
- 중중첩첩, 세월을 쌓아 만든 텍스트
- 낮과 밤의 흐름만으로 온 세상을 품는 절묘함
- 우환의 끝, '걱정하지 않는다'는 낙관의 선언
- '중심'을 배제하는 방랑적 사유
- 직선적 세계관에 맞서는 '영원 회귀'의 발상
- 광막한 우주에 너와 나를 던져 놓는 신비
- 버려진 메시지들로 만들어 낸 또 하나의 우주

'중심을 배제하는 방랑적 사유'는 조금 낯설지도 모르겠다. 한때 인문학 담론으로 시절을 풍미했던 '리좀(rhizome)'을 떠올리면서 뽑아낸 항목이다. 리좀은 식물이 땅속에서 펼치는 줄기다. 우리말로는 그냥 '땅속줄기'다.

지상으로 올라간 줄기가 거대한 나무를 '중심'에서 지탱하면서 수많은 가지를 뻗어내는 것과 달리, 땅속줄기는 '중심'을 자처하지 않는다. 뿌리, 가지와 자신을 구분하지 않고, 정처 없이 땅속을 헤맨다.

64괘와 384개의 효가 어디에도 기대지 않고 자신의 존재를 드러내고 있는 주역의 모습도 리좀을 닮았다. 그 방랑적 사유가 현대인에게 어울린다.

현대 프랑스 철학자 질 들뢰즈(1925~1995)는 펠릭스 가타리와 함께 쓴 《천 개의 고원》 서문에서 식물학의 용어 리좀을 인문의 용어로 다시 정의하며 매력적인 해설을 들려줬다.

리좀은 시작하지도 않고 끝나지도 않는다.
리좀은 언제나 중간에 있으며 사물들 사이에 있고 사이-존재이고 간주곡이다.

리좀을 주역으로 대체해도 어려움 없이 읽힌다.

주역은 시작하지도 않고 끝나지도 않는다.

주역은 언제나 중간에 있으며 사물들 사이에 있고 사이-존재이고 간주곡이다.

'사이-존재' 같은 말이 난감하긴 하지만, 한 서양 철학자가 만들어놓은 리좀 개념은 동양의 주역을 이해하는 데 큰 도움을 준다.

우환의 끝에서 낙관을 외친다는 세 번째 항목도 생소할까. 걱정과 근심 후에 등장하는 '낙관의 선언'이 어떤 것인지는 이 책의 끝에서 들려드리려 한다.

세상의 걱정과 근심도, 우리의 주역 공부도 이제 끝을 향해 가는 중이다.

스물아홉째 날 ———————————————

주역은 어디쯤 있나?

하늘로 치솟아 오를 수 있다면, 그래서 새의 눈으로 세상을 볼 수 있다면 많은 게 달라질 거다. 내가 살던 집은 한 점이 되고, 드넓은 도시의 높은 빌딩들은 아기자기한 미니어처가 된다. 이리저리 얽혀 미로 같던 거리는 단순한 윤곽을 드러낸다.

그뿐 아니다. 멀리, 높이서 보면 지상에서 생사의 문제였던 것들이 희로애락의 일상사로 졸아든다. 거기서 멈추지 않고 광활한 우주로 나아가기라도 하면, 실체를 알 수 없던 지구가 '창백하고 푸른 점(Pale Blue Dot)'으로 변해 작고 아름답게 빛난다.

주역도 그렇다. 물러서면 달리 보인다.

점의 세 가지 형식

세상엔 점(占)이 많다. 사주, 타로, 신점, 점성술, 토정비결, 해몽, 띠

별 운세 그리고 주역까지……. 사람들은 현재를 살려 하지 않는다. 미래를 살고 싶어 한다. 그러나 미래는 점으로 얻은 정보를 통해 실현되지는 않는다. 그럼에도 미래를 탐하는 건 멈출 수 없는 우리의 욕망이다.

그 욕망이 만들어 낸 인간의 온갖 미망을 자극하는 방법은 크게 세 개다. 점의 종류가 많다 한들 세 가지로 유형화할 수 있단 얘기다.

첫 번째 카테고리는 신점(神占)이다. 예지력이 있어야 한다. 두 번째 카테고리는 사주다. 점을 봐달라고 하는 개인의 어떤 특성, 주로 그 사람의 탄생 시점을 변수로 활용해 맞춤 정보를 제공하는 방식이다. 점성술, 띠별 운세도 비슷하다. 세 번째 카테고리는 텍스트를 활용하는 책점(冊占) 계열이다. 그림을 이용할 수도 있다. 글이든 그림이든 '정보'들이 축적돼 있으면 된다. 세상의 모든 점은 이들 세 가지 카테고리 중 어느 하나다.

주역은 세 번째 책점 계열이다. 책점이 어떤 건지는 서양 시대극을 떠올려 보면 안다. 중세 유럽을 배경으로 하는 영화를 보면, 위기를 예감할 때 주인공이 성경을 펼치는 장면이 나온다. 마음의 안정을 위해 시편이나 복음을 찾는 게 아니다. 그들은 성경을 무작위로 펼쳐, 손으로 아무 곳이나 찍는다. 그때 주어지는 성경 구절에서 미래를 위한 지침을 발견한다. 이런 방식은 성경이 아니어도 할 수 있다. 펼칠 수 있는 책이면 된다. 그래서 책점이다.

그런데 글이 아니고, 책이 아니어도 책점은 칠 수 있다. 주역 점은 '시초'라는 갈대 비슷한 풀을 반복적으로 분류하는 작업을 통해 64괘 중 하나의 괘를 고르는 방식으로 이뤄진다. 이걸 극단적으로 단순화하면 64괘가 수록된 주역을 놓고 아무 데나 펼쳐서 괘 하나를 골라내는 작업과 같다.

미신과 이론의 차이

세 가지 점의 형식 가운데 근대 이후에도 살아남을 경쟁력을 갖춘 건 어느 쪽일까. 아무래도 두 번째 사주 계열이다. 사주는 한 사람이 태어난 연월일시를 데이터로 활용해 '과학'이라는 인상을 주기 때문이다.

"사주는 통계이기 때문에 믿을 만한 것"이라 말하는 사람이 있는데, 꼭 그렇지만은 않다. 사주에 통계적인 속성이 있긴 하다. 하지만, 사주 판단 자체는 통계에 의존하지 않는다. 한 사람이 어떤 사주팔자를 타고났는지는 순전히 연월일시의 변형과 조합에 의존한다.

사주 체계는 한 사람이 태어난 연월일시를 목화토금수 오행들로 환원하고 오행들의 관계를 통해 그 사람의 운명을 파악하는 방식을 쓴다. 대단히 기계적이고 도식적인 작업이다. 하지만 그렇게 도식적으로 파악된 '운명'을 말로 바꿀 땐, '썰'을 푸는 화자(話者)의 능력이 중요하다. 그리고 이때 필요한 게 천 년은 축적됐을 사주의 실제 '임상 기록'들이다. 그 기록들에 통계적인 경향성을 부여할 순 있다. "사주가 통계"인 건 그렇게 사주의 한 국면에만 해당한다.

사주가 살아남은 건 통계적 속성이 아니라 연월일시와 운명을 이어준 '오행'이라는 발명품 덕이다.

정리해 보자.

첫 번째 신점 계열은 현대에 들면서 경쟁력을 잃었다. '합리'를 강조하는 사회에서 이게 잘 먹힐 리 없다. 예컨대 무당의 방언을 경청하고 굿을 요청하는 건, 믿음의 영역에 속한다. '합리적 이론'이 될 여지는 없다.

오행을 중심에 둔 사주는 '이론' 대접을 받으며 생존했지만, 접신을 내세운 신점은 미신 취급을 받으며 도태됐다.

그럼, 주역은 어떻게 살아남았을까.

사주에 오행이 있다면, 주역엔 음양이 있었다. 사주는 오행을 기초로, 꽤 그럴듯해 보이는 운명 예측 체계를 만들어 냈다. 주역은 음양을 기초로, 대단히 수미일관하게 보이는 연역의 체계를 만들어 냈다. 음양에서 8괘, 8괘에서 64괘, 64괘에서 384개 효로 이어지는 체계는 단순하고 명료하다.

이렇게 신점 계열이 점점 후미진 산골로 들어가는 동안, 사주와 주역은 각각 오행과 음양을 기초로 하는 '이론' 대접을 받았다. 특히 주역은 중국 송나라 때의 걸출한 성리학자들이 불교 철학을 대신할, 태극-음양 철학의 저장소로 지목하면서 한때 '주요 학문'으로까지 격상됐다.

그리고 마지막으로 사주, 주역에 더해 알아둬야 할 옛날의 '주요 학문'이 있다.

바로 풍수(風水)다.

풍수

풍수는 원래 정치와 긴밀히 엮여 있었다. 우리 역사에서 풍수란 말이 출현한 건, 천년 제국 신라가 망해가던 무렵이다. 신라가 비틀대자, 한반도 여기저기서 대권을 노리는 영웅들이 들고 일어났다. 견훤, 궁예, 왕건 같은 사람들이다.

그런데 이들의 관심은 비슷했다. 어느 지역을 자신의 영토로 삼을지, 수도는 어디로 정할지가 중요했다. 이런 관심은 단순히 지정학적인 게 아니다. 중요 거점이 '명당'이어야 나라가 오래 간다는 게 그들의 믿음이었다. 그런데 그 땅이 명당인지 아닌지 어떻게 판단하나. 그 일이 바로 풍수의 몫이었다.

풍수는 무얼까. 말 그대로 바람(풍)과 물(수)이다. 하지만 바람과 물, 두 단어에서 '명당'의 조건이 바로 도출되지 않는다. 찬 바람 불지 않고, 농사지을 물이 풍부한 곳이 명당일까.

풍수는 장풍득수(藏風得水)의 준말이다. 바람을 가두고(장), 물을 얻는다는(득) 뜻이다. '바람을 가두고 물을 얻을 수 있는 곳이 바로 명당'이라는 게 풍수의 요점이다.

그러나 여전히 의문이 풀리지 않는다. 바람을 가두고 물을 얻는 게 어떤 상황인지 머릿속에 잘 그려지지 않는다.

이때 기(氣)가 등장한다. 바람을 가두고 물을 얻으려고 노력하는 게 모두 이 '기'라는 존재 때문이다. 기를 확보하기 위해, 바람도 가두고 물에도 집착하는 것이다.

풍수의 맥락에서 기는 먼 옛날 중국 서북 내륙 깊은 곳의 전설적 명산 '곤륜산'에서 발원해, 대륙 밑을 꿈틀거리며 관통하다가 백두산까지 전해 온 초강력 에너지를 말한다. 그런데 이렇게 강력한 기가 땅을 통해 움직이면 그 위로 공기의 흐름이 달라진다. 바람이 인다.

이제 '바람을 가둔다(장풍)'는 말의 속뜻이 드러난다. 바람을 가둔다는 건, 산맥과 산을 통해 맹렬히 질주하는 에너지의 흐름을 파악해 그걸 어딘가에 머물게 한다는 것이다. 그런데 아무리 머물게 하려 해도, 이 에너지는 한시도 가만있지 않고 사방팔방으로 흩어지려 한다. 이럴 때 강물이 있어, 기가 맴돌고 있는 산의 줄기를 포위하듯 감싸준다면 기를 계속해서 그 자리에 머물게 할 수 있다. 그렇게 기가 머무는 곳이 바로 명당이다.

풍수는 기에서 출발해 고려와 조선의 걸출한 지정학 이론 체계로 발전했다. 사주가 오행으로 이론을 구축하고, 주역이 음양으로 자신의 체계를 마련했던 것과 같다.

음양의 확장판인 주역, 오행의 확장판인 사주, 기의 확장판인 풍수

음양과 오행과 기는 이렇게 동아시아의 중요한 세 '이론'을 만들고 지탱했다.

강호 동양학

무협지를 읽어본 분은 '강호(江湖)'라는 말을 들어보셨을 거다. 강호는 흥미진진한 곳이다. 엄청난 내공의 고수들이 강력한 기를 내뿜는다. 싸움도 하고, 사랑도 하고, 복수도 하고, 이별도 한다. 세속과는 격리된 공간에서 일반인들이 상상하기 어려운 일들을 벌이고 산다. 사건, 사고의 규모와 강도는 속세의 일들을 훌쩍 뛰어넘는다.

사주와 주역과 풍수도 강호에 산다.

이들 세 '이론'은 천 년 전만 해도 제도권 그러니까 속세의 학문이었다. 그런데 사실상 서구화의 동의어인 근대화가 시작되면서 강호로 밀렸다. 거친 숲과 황폐한 광야가 그들의 거처가 됐다. 속세와 떨어진 강호에 머물며 내공을 심화하는 것으로 만족해야 했다.

하지만 난세에 강호의 영웅들이 속세로 출장 나오듯, 사주와 주역

과 풍수도 이 세상에 종종 놀러 나온다. 속세에 잠깐씩 들러 세상 사람의 고민을 풀어주고 훌훌 떠난다. 임청하, 장만옥, 양조위, 장국영, 유덕화, 장쯔이 같은 중국-홍콩 배우들이 하던 일이다.

반대로 위기에 처한 속세의 사람들이 산 넘고 강을 건너 강호의 세계로 월경해 그곳의 고수들에게 가르침을 청하기도 한다.

사주와 주역과 풍수는 이제 강호에 머무는 '동양학'으로 축소됐다. 우리 시대의 '강호 동양학'들은 경계 저쪽에 머물다가 가끔 이쪽으로 넘어와 우리를 구해준다. 경계 이쪽에 머무는 우리는 때때로 경계 저쪽의 강호를 기웃거리며 구원을 요청하기도 한다.

영웅호걸로부터 한량까지 뭇사람들의 운명을 포착해 온 사주
땅과 물에 스민 에너지에서 인간의 복을 불러오려던 풍수
누구에게나 불확실한 세계를 마음공부로 돌파하려던 주역

이제쯤 동아시아의 전통 사유들의 거처와 행로, 그리고 거기서 주역이 머무는 장소가 어디쯤인지 파악하셨으리라 믿는다.

서른째 날

걱정 말아요, 그대!

고요한 강을 마주한 채 64괘의 끝에 섰던 어린 여우처럼, 우리도 주역의 끝에 섰다.

저 강을 건널 수 있을까. 건널 수도, 건너지 못할 수도 있다. 사뿐히 강을 건너든, 그만 꼬리를 적시고 말든, 우리는 몸과 마음을 다해 힘껏 도약할 뿐이다. 기제와 미제 어느 상황에서도 삶은 이어진다.

이제 주역의 마지막 말을 전할 때가 됐다. 주역의 영혼에 해당하는 계사전의 말들을 살피며 놓친 게 둘 있다. 그 말들을 전하는 것으로 서른 날에 걸친 주역 공부를 마치려 한다.

그 두 가지 사연은 당연하게도, 우리 마음 깊은 곳의 불안을 겨냥한다. 첫째 날의 만남에서 우리는, '주역은 불안을 치유하는 책'이라 규정하며 공부를 시작했다.

주역은 변화를 얘기한다. 변화는 유장한 삶의 흐름 속에서 나타나고 또 사라진다. 대륙을 가로지르는 황하는 아홉 번 꺾어지면서도 끝내 바다에 이른다. 아흔아홉 번의 굴곡을 겪는 우리의 삶을 관찰하면서 주역의 편집자는 궁극의 원리 같은 것을 포착했다.

궁즉통(窮則通)

무엇이든 궁극에 이르면 다시 새로운 방향으로 통하게 된다는 뜻이다. 곤경에 처한 이들에게 주어지는 처방이다. 이 어려움이 다하고 나면, 알지 못했던 새 길이 트일 거란 취지다. 계사전의 원문은 더 친절하고 구체적이다.

궁즉변 변즉통 통즉구(窮則變 變則通 通則久)

상황이 다하면 변하고, 변하면 통하고, 통하면 영원하다……. 황하도 우리의 삶도 그렇게 흘러간다. 길이 막힌 곳에서 물길을 틀고, 그렇게 물길을 틀면서 다시 바다를 향해 간다.

복희씨와 신농씨를 거쳐 황제, 요, 순으로 끊어질 듯 이어지는 중국의 신화적 역사를 언급한 직후, 계사전의 작가는 '궁즉변'과 '변즉통'을 역사의 원리로 내세운다. 복희씨가 다한 자리에 신농씨가, 신농씨가 다한 자리에 황제가 들어선다. 역사의 황하는 그렇게 흐르고 또 흐른다.

후대의 한의학 교과서에 나온 다음의 말은, 주역이 설파하는 '궁즉통'의 세속 버전이라 하겠다. 함께 알아둘 만해 소개한다.

통즉불통 불통즉통(通則不痛 不通則痛)

통하면 아프지 않다. 통하지 않으면 아프다.

이제 주역의 마지막 말이다. 계사전의 작가는 주역에 담긴 온갖 상황을 모두 음미한 뒤, 바깥으로 나와 하늘을 올려다본다. 그리고 나지막한 소리로 읊조린다.

낙천지명 고불우(樂天知命 故不憂)

천(天)과 명(命)은 하늘의 운항과 그것이 인간사에 적용되는 방식을 각각 얘기한다. 하늘의 뜻을 즐기고(낙천), 그 뜻이 세상에서 구현되는 원리를 아는(지명) 사람은 걱정하지 않는다(고불우).

주역 계사전에서 단 한 마디를 골라 주위의 사람들과 나눠야 한다면, 나는 주저 없이 '낙천지명 고불우' 일곱 글자를 선택하겠다. 눈앞에 혼란과 불안과 공포를 부르는 파도가 있어도, 그 혼돈의 물거품 아래론 언제나 깊은 바다가 흐르고 있다. 주역에는 없는 그 적막한 심해의 공간 속에서 걱정을 떨친다.

좋아하는 선의 화두 중에 흰 눈 내리는 겨울 풍경을 묘사한 게 하나 있다. 마음 편치 않을 때 이 화두를 들어 걱정 근심을 날린다. 주역 공부를 마치면서 함께 나누고 싶다.

호! 설편편, 불락별처(好! 雪片片, 不落別處)

좋구나!
흩날리는 눈송이들.
다들 제자리를 찾아 떨어지네.

부록

64괘 요약

1	중천건 重天乾	䷀	연못에서 뛰놀던 어린 용이 왕의 자리까지 올라간다. 그러나 용은 만족할 줄 모른다. 잠룡물용(물에 잠긴 용은 쓰지 말라), 항룡유회(높이 치솟은 용은 후회한다)의 괘.
2	중지곤 重地坤	䷁	서리를 밟으면 곧 얼음이다. 주역은 기미, 징조, 낌새의 철학이다. 세상의 흐름을 살피면서 변화의 방향을 본다. 음으로만 이뤄진 곤 괘는 대지의 포용을 상징한다.
3	수뢰준 水雷屯	䷂	자욱한 구름 사이로 천둥 울리고 번개 번쩍이는데 비는 안 온다. 사대난괘(四大難卦) 중 하나다. 성장을 위한 진통. 살다 보면 머뭇거릴 때도 있다.
4	산수몽 山水蒙	䷃	산에서 가녀린 물줄기가 샘솟는다. 모든 시작은 미약하고 어리석지만, 열린 미래를 꿈으로 갖는다. 천진난만의 괘. 아이들의 어리숙함을 누가 탓하나.
5	수천수 水天需	䷄	기다려라. 내가 그를 찾지 않으면, 그가 나를 찾는다. 물을 품은 구름이 하늘 위로 짙고 빽빽하다. 그러나 비는 내리지 않는다. 그래도 동요하지 않는다. 인내와 자중의 괘.
6	천수송 天水訟	䷅	소송의 괘. 싸움의 절반은 지기 마련이다. '불극송(不克訟)'의 상황을 받아들일 줄 알아야 한다. 싸움에 지면 시골로 돌아간다. 물러나, 하늘의 뜻을 묻는다. 기다린다.
7	지수사 地水師	䷆	여단, 사단 할 때 그 '사(師)'다. 군대 또는 다수의 집단에 관한 괘다. 리더십의 괘이기도 하다. 땅으로 스며드는 물처럼, 무리 안으로 들어가야 이끌 수 있다.
8	수지비 水地比	䷇	어깨를 나란히 하고 걸어가는 두 사람의 뒷모습을 볼 때 아름다움을 느낀다. 이질적인 존재들(물과 땅)의 어울림(比)만큼 소중한 일이 있을까. 인화의 괘다.

9	풍천소축 風天小畜	䷈	조바심 없이 먹구름을 감상할 줄 알아야 한다. 서쪽 교외로부터 구름이 빽빽하게 몰려오는데, 비는 내리지 않는다. 밀운불우(密雲不雨)의 괘. 비는 언제든 내린다.
10	천택리 天澤履	䷉	호랑이 꼬리를 밟았는데, 물리지 않는다. '리'는 '밟는다', '실행한다'는 뜻이다. 그러나 위기에서 살아남으려면 두렵고, 두렵고, 두렵고, 두려워해야 한다(悚懼恐惶 송구공황).
11	지천태 地天泰	䷊	하늘과 땅이 뒤바뀌었다. 난세엔 비정상이 정상이다. 평화로운 시절이 온다. 난세의 지도자는 황량함을 견딘다(包荒 포황). 가서 돌아오지 않는 것은 없다(무왕불복).
12	천지비 天地否	䷋	난세엔 정상이 비정상이다. 위로 하늘, 아래로 땅이 제대로 있는데 막힌 듯 답답하다(否). 수치를 품고(包羞 포수) 발효시킨다. 막힘과 교착을 타개하는 현상타파의 무기다.
13	천화동인 天火同人	䷌	"혼자서도 할 수 있어!"라 말하지 않는다. 동지를 규합해야 한다. 가까운 사람들에게만 의지해선 부족하다. 큰 내를 건넌다(利涉大川 이섭대천). 광야로 나아가 모은다.
14	화천대유 火天大有	䷍	크게 가지니 '대유'다. 중국 문헌에서 '대유년'은 '대풍년'을 뜻했다. 중요한 때에 하늘 위로 강렬한 태양이 자리했으니, 농사가 안 될 리 없다. 하늘마저 그를 돕는다.
15	지산겸 地山謙	䷎	산은 높다. 그러나 덜어내고 나누어서 땅과 같은 높이가 된다면……. 겸손의 미덕은 크다. '명겸(鳴謙)'을 얘기한다. 이름을 떨친(鳴) 후에도 겸손하다면 많은 일이 이뤄진다.
16	뇌지예 雷地豫	䷏	잠복했던 천둥 번개의 에너지가 땅을 뚫고 나왔다. 봄이다. 즐거움과 기쁨의 괘. 그러나 방심해선 안 된다. 드러내고 즐거워하면 탈이 나기도 한다(鳴豫凶 명예흉).

17	택뢰수 澤雷隨		추종의 괘다. 명망가를 따를 수도, 권력자를 따를 수도 있다. 그런데 문득, 아름다움을 믿으면 행복할 거란 메시지(孚于嘉吉 부우가길). 아름답기를, 쓸모없기를.
18	산풍고 山風蠱		산기슭으로 벌레들 숨긴 열풍이 불어닥친다. 감염, 전염의 괘다. 몰려온 재앙에 어떻게 대처해야 할까. 선갑삼일(先甲三日) 후갑삼일(後甲三日). 결행의 전후, 살피고 삼가라.
19	지택림 地澤臨		현장에 임하는 방법은 여럿이다. 느끼며 일하고(咸臨 함림), 즐겁게 일하고(甘臨 감림), 열심히 일하고(至臨 지림), 지혜롭게 일한다(知臨 지림). 독실하게 일한다면(敦臨 돈림) 최고다.
20	풍지관 風地觀		쉼 없이 대지 위를 불어가는 바람처럼 고요히, 세상을 관조하고 통찰한다. 연꽃 만나러 가는 바람 아니라, 연꽃 만나고 가는 바람처럼 마음을 비우고 바라볼 수 있다면······.
21	화뢰서합 火雷噬嗑		무엇이든 '물어뜯는' 괘다. 전쟁 중, 마른고기를 씹다가 독을 만나고, 화살을 만나고, 황금을 만난다. 실행할 뿐, 결과는 예단하지 않는다. 물어뜯듯, 직설적이고 구체적으로.
22	산화비 山火賁		산 뒤에 조용히 숨은 줄 알았던 태양이 초저녁 하늘을 온통 붉게 물들인다. 꾸밈의 괘. 반전일까. 백비무구(白賁無咎)를 얘기한다. 소박하게 꾸며야(백비) 허물이 없다(무구).
23	산지박 山地剝		겁내지 말고 과감히 벗겨내라(剝). 대사각활(大死却活)이다. 크게 죽어야 확 살아난다. 무너지리라, 무탈하리라. 백척간두에서 한 걸음 더 나아간다.
24	지뢰복 地雷復		보일 듯 말 듯 미약한 불씨 하나가 온 우주를 밝힌다. 한겨울, 한 줄기 양의 기운 움트기 시작하는 동지의 괘다. 불씨는 감추어질 뿐, 사라지지 않는다.

25	천뢰무망 天雷无妄	䷘	낮고 무거운 하늘 아래로 천둥 울리고 벼락 친다. 이럴 때 옛사람들은 옷매무새를 다듬고 정좌한 뒤 반성했다. 사무사(思無邪)…, 생각에 사악함은 없는지 살폈다.
26	산천대축 山天大畜	䷙	쌓고 또 쌓아 산이 하늘을 뚫고 올라갔다. 거대한 축적이다. 그러나 큰 축적은 커다란 몰락의 징후다. 위험이 있으니 그만두면 좋다고, 초장부터 경계의 메시지를 내놓는다.
27	산뢰이 山雷頤	䷚	막대들이 벌린 입처럼 생겼다. 음식의 괘다. 그러나 다이어트를 권한다. 말을 삼가고 음식을 절제하라. 침묵은 상상을 뛰어넘는 행운을 가져다준다.
28	택풍대과 澤風大過	䷛	버드나무 고목이 꽃을 피운다. 크게 지나치니(大過) 일상적이지 않은 일이 생긴다. 혼자여도 두려워하지 않고, 숨어 살아도 번민하지 않는다(獨立不懼 遯世無憫, 독립불구 둔세무민).
29	중수감 重水坎	䷜	사대난괘 중 하나. 밧줄에 묶인 채 가시덤불 가득한 감옥에 갇힌다. 끔찍한 상황에서, 믿음을 버리지 말라 한다. 오직 믿음으로(sola fide)! 고난이 아니면 깊어질 일도 없다.
30	중화리 重火離	䷝	열정의 괘, 총명의 괘다. 그러나 너무 눈부신 것들은 아름답지 않다. 경고의 메시지가 그득하다. 갑자기 일이 닥친다. 불탄다, 죽는다, 버림받는다…….
31	택산함 澤山咸	䷞	느끼고, 감응하는(咸) 괘다. 발가락, 장딴지, 허벅지, 뺨과 혀로 느낀다. 치정과 정치가 뒤섞인 메시지들이다. 애무일까, 내통일까. 이성보다 감성이다.
32	뇌풍항 雷風恒	䷟	사계절은 반복되지만 매년 다르다. 변화로써 영원을 이뤄낸다. 항구적인 것을 관찰하면, 천하 만물의 정황이 보인다. '회망(悔亡)'의 메시지가 등장한다. 회한이 사라질 거라는…….

33	천산둔 天山遯		일보 후퇴의 괘다. 주희도 이 괘를 받고 묵묵히 하야했다. 틀어박혀 자신을 반성하고, 시대를 통찰하면 '풍성한 은둔'의 진가를 안다. 물러나고 또 물러난다.
34	뇌천대장 雷天大壯		하늘을 쩌렁쩌렁 울리는 벼락의 괘. 그러나 '힘'에 대한 경계가 대부분이다. 강한 종이 아니라, 환경에 적응하는 종이 살아남는다. 울타리를 들이받아 뿔이 걸린 숫양의 진퇴양난.
35	화지진 火地晉		지평선 위로 아침 해가 떠오른다. 일출의 괘다. 밤새 사라졌던 태양의 부활이다. 묵묵히, 서서히 간다면 득실을 걱정하지 않아도 좋다. '희망'의 메시지가 다시 등장한다.
36	지화명이 地火明夷		땅속에 태양이 갇혔다. 밝은 것이 상처를 입었다(明夷). 내상을 치유 중이다. 일출이 있으면 일몰도 있다. 어둠에 적응한다. 은밀한 적진 침투를 뜻하기도 한다.
37	풍화가인 風火家人		불(火)은 본질, 연기(風)는 현상이다. 말에 사물을 담고, 행동에는 일관성을 갖춘다. 가정이 잘 되려면 여자가 바르게 행동해야 한다는 식의 해설은 전통적이고 착오적이다.
38	화택규 火澤睽		어긋나고 대립하고 등지는 괘다. 그러나 불화로 홀로 됐지만 대인을 만나고 믿음을 주고받는다. 위태로울 뿐 무탈하다. 유럽 소설의 캐릭터 몬테크리스토가 떠오른다.
39	수산건 水山蹇		험한 산에서 험한 물을 만난다. 절뚝거린다(蹇). 사대난괘 중 하나. 그러나 극적 변화가 기다린다. 가는 길엔 파행이나 오는 길엔 반전이다(往蹇來反 왕건래반).
40	뇌수해 雷水解		겨우내 얼었던 천지가 풀린다(解). 천둥 치고 비 온다. 눈 녹듯, 난제가 풀린다. 그러나 천지도, 난제도 그냥 풀리지 않는다. 사람들에게 진심(믿음)을 내보이라 한다.

41	산택손 山澤損		덜어내는(損) 괘다. 덜어내다 보면 어느 순간, 내게 더해진다. 값비싼 거북점도 거스르지 못하리란 메시지가 등장한다. 내어주는 일이 그리 중요하다.
42	풍뢰익 風雷益		자꾸 보태는(益) 괘다. 나 말고 남에게 보태는 편이 낫다. 자신만 신경 쓰는 사람에겐, 아무도 보태주지 않는다. 뜻을 세워도 버티지 못한다. 흉하다. 이기(利己)에 대한 경고.
43	택천쾌 澤天夬		독재자의 말로가 보인다. 그를 처내야 한다. 앞 발에, 두 뺨에 힘주지 말란 메시지가 등장한다. 은밀하게, 과감하게. 마침내 혁명이 임박했다.
44	천풍구 天風姤		여자가 드세니 취하지 말라 경고한다. 맨 아래 음의 막대가, 다섯 개의 양을 상대하는 형상이라 나온 말이다. 버들잎으로 참외를 싸듯, 아름다운 뜻을 품으란 말이 더 다가온다.
45	택지췌 澤地萃		선거 때 받으면 좋다는 괘다. 모임, 운집의 괘. 정(情)은 사람들 사이로 흐른다. 모여드는 정황을 살피면 천지 만물의 흐름이 모습을 드러낸다. 사막 속 오아시스로 풀기도 한다.
46	지풍승 地風升		'풍(風)'은 나무로도 쓰인다. 슬금슬금 지상을 뚫고 나오는 나무의 노력을 보여준다. 여린 묘목의 한밤중 분투를 아는 사람은 많지 않다. 중력과의 싸움은 눈에 띄지 않는다.
47	택수곤 澤水困		호수의 물이 바닥을 드러냈다. 극심한 가뭄의 상황이다. 사대난괘 중 하나다. 이럴 땐 무슨 말을 해도 먹히지 않는다. 입을 다물어야 한다. 경건한 마음을 잃지 않는다.
48	수풍정 水風井		늘 한자리를 지키는 우물(井)의 미덕은 심대하다. 우물은 쉬이 마르지 않고, 넘쳐흐르지도 않는다. 우물을 덮지 말라는 메시지가 등장한다. 여러 사람과 나누어야 한다.

49	택화혁 澤火革		혁명의 괘다. 무조건 신중해야 한다. 하루해가 다하고 나서야 변혁한다. 하늘의 예시가 세 번 있고 난 뒤에야 변혁한다. 군자는 표변(豹變)하고, 소인은 혁면(革面)한다.
50	화풍정 火風鼎		발 셋 달린 솥(鼎)이라야 안정적이다. 삼국지의 세 나라, 위·촉·오의 정립(鼎立)이다. 신에게 공물을 담아 끓이는 제사용 솥이다. 혁명 후 권위의 상징으로도 쓰인다.
51	중뢰진 重雷震		벼락이 겹친다. 무섭다. 움츠리게 하는 상황이다. 그러나 메시지는 태연하다. 벼락이 들이닥쳐 우르릉 대지만, 웃고 말하고 깔깔댄다……. 벼락 같은 난국에도 할 일은 한다.
52	중산간 重山艮		그 자리에서 멈춰라, 흔들리지 않는 저 산처럼. 적의 등이 눈앞에 보이고, 내 손엔 칼이 들렸는데도 딱 멈춘다. 움직이고 그치는데, 때를 놓치지 않으면 그 도리가 빛나고 밝다.
53	풍산점 風山漸		스며들어야 하나가 된다. 기러기가 저 먼 대양에서 날아와 바닷가와 숲을 거쳐 구름 위로 날아간다. 붉은 단풍 넓게 퍼진 산의 모습도 보인다. 물들임의 괘, 연애의 괘.
54	뇌택귀매 雷澤歸妹		젊은 여성의 적극적 연애에 악의적 품평을 하는 괘다. 옛날얘기다. 그보다, 소외당한 존재들에 관한 틈새 메시지가 눈길을 끈다. 고요히 숨어 사는 사람의 자세를 지키면 이롭다.
55	뇌화풍 雷火豐		풍성함의 괘다. 일중견두(日中見斗), 한낮에도 북두칠성을 본다. 그러나 절정은 쇠락의 전조다. 해는 뜨면 기울고, 달은 차면 이지러진다. 천지는 찼다가도 비워진다.
56	화산려 火山旅		누구나 떠돈다. 나그네의 괘. 공자가 자신의 평생 운을 물어 얻은 괘다. 공자는 내내 떠돌았다. 천하주유(天下周遊)는 멋지지 않은 고행의 길이었다. 공자 아니어도 다들 그렇다.

57	중풍손 重風巽		부드러운(巽) 바람의 괘다. 하지만 바람은 부드럽기만 한가. 하늬바람, 산들바람, 소슬바람도 있지만, 태풍, 허리케인, 시베리아 바람도 있다. 바람은 자유자재하다.
58	중택태 重澤兌		호수 두 개가 나란한 모습을, 두 소녀가 입을 방긋 벌리고 즐거워하는(兌) 모습에 비유한다. 화태(和兌)란 메시지가 등장한다. 함께하니 기쁘다······. 자폐, 둔감을 떨치라 말한다.
59	풍수환 風水渙		강풍이 바다를 뒤흔들 듯 가지런하던 것들을 흩뜨린다(渙). 마오쩌둥은 대장정의 의미를 어지러울 난(亂), 한 글자로 요약했다. 흔들어 놓은 뒤에 새로운 질서를 세운다.
60	수택절 水澤節		현명한 제약이 우리를 자유롭게 한다. 호수 표면 위로, 넘침도 모자람도 없이 물이 찰랑이다. 절제의 괘다. 온갖 부귀를 다 받고 태어나도, 절제하는 사람의 운명을 못 따라간다.
61	풍택중부 風澤中孚		양의 테두리 안에서, 음의 기운들이 내밀하게 결속한 형상이다. 두터운 믿음을 상징하는 괘다. 믿음으로 교감하면 허물이 있을 수 없다. 당신과 오래도록 좋은 술을 마시리라······.
62	뇌산소과 雷山小過		슬쩍 지나친다(小過)는 게 무슨 뜻일까. 스칠 뿐 만나지 않는(不遇過之) 인연도 세상엔 있다. 작은 일을 행할 뿐, 큰일은 피하라(可小事, 不可大事). 의도적 소심(小心).
63	수화기제 水火旣濟		강을 건넜다. 돌이킬 수 없다. 완성되는 순간, 무너지기 시작한다. 일이 끝났다고 생각될 때 경계해야 한다. 모든 도취는 위험하다. 술이 머리끝까지 적셨다. 위태롭다.
64	화수미제 火水未濟		강을 건너지 못했다. 어린 여우가 강을 막 건너려는데 그만 꼬리를 적시고 말았다······. 완결은 정체다. 미완은 미래를 위한 결여다. 돌이킬 수 있다.